“三农”问题与法律调整

王勇　高成军　李秉政◎编著

甘肃文化出版社

编 委 会

总 序

中共甘肃省委常委
甘肃省委政法委书记　罗笑虎
甘肃省法学会会长

《农家书屋文库·法律系列》是一套为农民所写、为农民服务的法律丛书。这套丛书的出版发行，是我省积极响应国家"农家书屋"工程、推动全省农村法治建设的一项重要举措，也是法律和法学工作者创新普法载体、积极为"三农"服务的一个新尝试。

依法治国是党领导人民治理国家的基本方略，也是社会主义民主政治的基本要求。法治是需要法治基础的，这个基础包括法律知识的普及和法律思想的培养。历史经验反复证明，法治之舟，唯有获得人民群众的广泛参与，才能不断破浪前行；法治之树，唯有人民群众的热情浇灌，才能根深叶茂。特别是在我们这样一个农民占绝大多数的国度，能否有效地在农村普及法律知识、增强农民的法律素质和法律意识，很大程度上影响着依法治国的进程。而要真正增强农民的法律素质和法律意识，就必须不断创新法制宣传教育的方式和载体。正是基于这样的考虑，这套面向全国发行、总共60部、近千万字的法律丛书，始终坚持紧密结合农民生活实际的编辑原则，以一事一议、一问一答、以案说理的形式编辑，力求用农民朋友熟悉的语言、身边的事情来宣传法律知识、普及法律知识。这套丛书分为法理、宪法、行政法、民法、商法、婚姻法、经济法、刑法、生态环境与自然资源法、知识产权法、社会法、诉讼法等十二个门类，涵盖了农村经济、政治、文化、社会、生态建设等诸多领域的法律问题。出版后将由政府采购，分送全省农家书屋，相信会受到广大农民读者的欢迎与喜爱。

这套丛书的编辑出版，凝聚着各个方面的心血。中国法学会会长韩杼滨同志专门委派有关同志来我省调研指导，甘肃省法学会、甘肃省新闻出版局和甘肃文化出版社等单位做了大量富有成效的工作。各位作者来自省内高等院校、科研机构、党政机关和政法部门，他们编写这套丛书大多都是利用业余时间进行的，充分体现了他们高度的社会责任感和对农民朋友的深情厚意。在此我谨向所有为这套丛书提供支持帮助的单位和付出辛勤劳动的作者编辑深致谢意！

2009 年 5 月

前 言

“三农”问题,就是指农民、农村、农业这三个问题。这是一个主体身份、居住地域、从事行业三位一体的问题。“三农”问题的产生具有深刻的历史背景。如何有效地破解“三农”问题已成为全党工作的重中之重。在政策和法制层面,中央对“三农”问题作出了积极的、富有成效的回应。从经验和个案的视角对此加以总结将具有重大的理论和现实意义。本书的主要内容便是围绕“三农”问题产生的历史背景、“三农”问题的法制回应——政策应对、立法保障和司法护航等方面进行了初步的梳理和探讨,以期使读者对我国“三农”问题及其相关的政策背景和法制建设状况有一个总体上的了解和认识。

本书写作的分工如下:王勇拟定全书的写作提纲,同时负责撰写历史背景和立法保障两部分内容,最后进行了统稿和定稿;高成军负责撰写司法护航部分;李秉政负责撰写政策应对部分。本书的编写受益于许多“三农”问题研究学者的前期成果,这些学者可以开列出一个长长的名单,其中包括张厚安、徐勇、贺雪峰、温铁军、董磊明、吴毅、罗兴佐、何包钢、郎友兴、谭青山、肖唐镖、葛传宇、于建嵘、贺东航、刘金海、邓大才、仝志辉、李昌平、吴理财等。没有这些学人的前期成果及相关的网络资源, 要想富有效率地完成本书的编写任务是不可想象的。全书中的大部分内容和论述都是从大量相关主题的文献资料中提炼和概括而成,基本上属于学术界和政策实务部门的通说。由于不能一一列出相关文献的出处及著作权人,使我们深感不安!我们只能以最诚挚的心情表达我们的谢意!

最后,要特别感谢的是兰州大学李功国教授。没有李功国教授的鼓励、帮助和指导,这本书是无法完成的。李功国教授是我国法学界最早主张法学研究要走向基层、走向民间的法学家之一，也是关于西北法学特色研究的最早倡导者之一。李功国教授的工作效率、敬业精神以及对我国法治事业的执著信念令我感佩。编写本书是一次愉快的经历，也是一次难得的重温和进一步审视“三农”问题的机会，能为农民朋友们编写这样一本将知识性与趣味性融为一体的通俗读物是我们共同的心愿。由于我们才疏学浅，难免有些错误，期望大家批评指正！

目　录

第一章　历史背景

【导言】我国是一个农业大国，农村人口占全国总人口的70%左右。所以，“三农”问题是关系到我国全面实现小康社会和经济的可持续发展以及政治局势的稳定和国家长治久安的关键问题之一。由此，如何破解“三农”问题的难题，并进而在制度政策上提出建设性建议已引起党和政府以及全社会的广泛关注和普遍讨论，中央也把“解决好农业、农村、农民问题作为全党工作的重中之重”。“三农”问题之所以成为现阶段我国改革开放和现代化建设全局的重大问题是由我国特定的历史条件和特殊的国情所形成和决定的。因此，要成功地解决现阶段“三农”问题，就有必要对我国“三农”问题得以产生的历史背景进行深刻的回顾、反思和认识，通过认识“三农”问题产生的历史背景，从中发现导致我国“三农”问题得以产生的主要原因和制约因素，总结历史经验，这不仅对于我们全面清晰地认识“三农”问题的来龙去脉有很大帮助，而且以史为鉴，对于我们找准“三农”问题的症结所在，提出富有成效和针对性的意见建议，并进而成功地解决现阶段的“三农”问题更有一定的必要和意义。

1.什么是“三农”问题？

所谓“三农”问题，就是指农民、农村、农业这三个问题。这是一个主体身份、居住地域、从事行业三位一体的问题，但三者侧重点不一，必须一体化地考虑。现阶段“三农”问题是困扰我国经济发展和全面实现小康社会的关键问题之一，是关系我国改革开放和现代化建设全局的一个突出问题,也是一个长期问题。

2.如何认识农民问题?

农民问题是“三农”问题中的核心问题,现阶段农民问题主要表现在以下三个方面:

(1)农民收入连续多年增长缓慢,城乡差距逐步拉大。当前我国农业和农村发展中的突出矛盾和问题是农民增收困难,城乡差距突出。改革开放三十多年来,我国农民收入虽然有了很大的增长,但近年来农村居民家庭人均纯收入的增长率不仅低于城镇居民家庭人均可支配收入的增长率,而且低于当年GDP的增长率。就现阶段来看,农民收入增长幅度远远低于全国平均水平,许多农户的收入持续徘徊在低位甚至下降,城乡居民收入差距越来越大。

(2)农民经济利益得不到有效维护、农民的平等权利得不到保障。在我国,农民的群体力量十分微弱,他们大多充当社会利益分配结果的被动接受者,而很少有可能以主动争取者的姿态和实力影响社会利益的分配向有利于自己的方面倾斜。农民作为一个弱势群体,他们在发展过程中不能完全享有与城市居民同等的权利,国家对农村社会救助、医疗卫生、文化教育、精神文明等方面的投入与建设严重不足,农民不能与城市居民在事实上平等地拥有利用和分享国家公共资源的权利,甚至受到歧视,如目前许多地区农民的最低生活保障制度还没有建立。

(3)农民工问题。农民工处在城市社会最底层,工资低,劳动时间长,劳动强度大,安全条件差,流动性强,缺乏社会保障,子女上学、生活居住存在诸多困难,由此引发了不少社会矛盾和纠纷。

3.如何认识农村问题?

农村问题是“三农”问题中的一个重要问题。现阶段农村问题集中表现在以下四个方面:

(1)农村面貌落后,经济不发达。由于农村经济发展落后,再加上国家对农村的索取过多和国家财政投入不足，基层组织和乡级政府职能上的错位，导致现阶段农村的经济水平非常低下，大部分农村地区贫困现象十分严重。

(2)农村社会存在各种失衡、失调、失范和失落现象，稳定存有隐患。大多数人认为，农村社会问题是未来中国最头疼的问题，这些问题甚至有可能比贫穷问题更为严重。农村社会问题表现为农民阶层与其他阶层的差距逐渐加大，农村内部分化日益加剧，农村地区之间的发展越来越不平衡等。这些农村社会存在的各种失衡、失调、失范和失落现象，可能引起矛盾和冲突，影响农村社会或整个社会的稳定。

(3)农村文化落后。虽然说社会主义文化在农村得到了巨大的发展，但是封建思想文化的根基在农村还比较深，加上农村教育比较落后，导致各种思想和本地习俗结合所形成的农村礼俗文化还深深地影响着农村。

(4)农村组织管理问题。一个组织有良好的组织管理系统有利于组织的发展。我国农村是一个超大型的最低层的社会，其稳定需要有效的治理。用现代管理理念审视农村治理状况，我们会发现以国家行政权力为主体的乡镇政权和以群众自治为主体的村级组织，明显与农村经济社会发展需要不相适应。更为重要的是农村基层党组织本应发挥领导核心作用，现在却处于尴尬境地——与行政组织的关系、与农民自治组织的关系普遍存在着不和谐，而这又关系到农民的权利、地位、前途命运和农村发展。

4.如何认识农业问题?

农业问题是“三农”问题中的另一个重要问题。农业是指以土地、水面、草场、山林为主要生产资料的产业群的总称，它主要包括种植业、林业、牧业、渔业。现阶段农业问题主要有：

(1)缺乏专业分工、科学技术落后，农业生产效率低。对于绝大多数农村地区，传统农业并没有得到根本的改造，在实行联产承包制以后,分家分户经营,自给性生产为主、出售剩余产品为辅的格局没有从根本上改变。由于生产方式落后,农业生产效率十分低下。土地产出率不高、劳动生产率也不高,因此日益缺乏竞争力。

(2)缺乏有效的生产要素投入,加上青壮年劳力外出导致发展后劲不足,粮食安全问题严重。近几年来,农村资金大量流向城市,农业资金大量流向非农业。加上大量农村青壮年外出打工造成农村劳动力弱化现象相当严重，许多农村地区放眼望去就是“386170部队”(即妇女、儿童、老人)。农村劳动力弱化使得农村缺少能人,村政无能人治理,农地荒废现象严重。农业投入资金缺乏和农业发展高素质劳动力资源缺乏的结果是农业劳动生产率低下，阻碍了农业产业化和农业科技推广,农业发展后劲不足,粮食安全问题严重。

(3)农业产业化程度低。常常听到农民兄弟抱怨种了东西卖不出去或卖得过于低廉,其根子在没有遵循市场规律。产供销形成一条龙是当前农业在市场经济中大有作为的一种有力措施，党和政府在创设“产—供—销”链条的活动中起着关键作用。农业产业化的另一个问题是我国农业基本上属于自给自足的小农经济，没有形成规模经济。二十多年的农业改革,只是低水平地解决了中国人的吃饭问题,并没有改变农业的脆弱地位，更没有使农业走上良性循环和与其他产业平等竞争的轨道。

5.“三农”问题是如何提出的?

“三农”问题在整个近代中国一直是一个重要的问题,有关这一问题讨论的源头应该是比较远的，只不过先前的讨论并没有将其作为一个整体性概念提出,只是近十几年来,其才被作为一个整体性概念提了出来,而这一过程,可以说是科学决策的产物和集体智慧的结晶。

20世纪90年代初,“三农”问题初步被提了出来。1990年6月19日,江泽民总书记在《农村工作座谈会上的讲话》中提出:“我国11亿人口,8亿多在农村。农村稳定了,农民安居乐业了,也就从根本上保证了我们国家和社会全局的稳定,农业是国民经济的基础。”1991年十三届八中全会通过的决定指出:“农业是经济发展、社会安定、国家自立的基础,农民和农村问题始终是中国革命和建设的根本问题。没有农村的稳定和全面进步,就不可能有整个社会的稳定和全面进步;没有农民的小康,就不可能有全国人民的小康;没有农业的现代化,就不可能有整个国民经济的现代化。”至此,“三农”不仅有了完整的提法,而且被提到了一个很高的高度。1993年10月18日,江泽民在中央农村工作会议上明确提出“全党要始终高度重视农业、农村和农民的问题”,简称“三农”问题。1996年末,著名农村问题专家温铁军写了一篇文章,分析了制约“三农”问题的两个基本矛盾,即人地关系高度紧张的基本国情矛盾和城乡二元结构的基本体制矛盾。并认为,只有出台相应的政策解决这两个基本矛盾,或缓解这两个基本矛盾,“三农”问题才能得到合理解决。进入21世纪以后,我国农业大国、人口大国、农业是弱势产业等现状没有得到根本改变,农村经济落后、农民收入低、城乡差距过大等问题已成为制约我国现代化建设全局和全面建设小康社会的瓶颈。由此,农民、农村、农业这三个问题已不能孤立看待,分而治之,必须要作为一个重大的现实问题、整体问题来对待,并放在一个新的战略高度来重视和解决。在这种背景下,2000年初,湖北监利县棋盘乡党委书记李昌平上书朱镕基总理说出“农村真穷,农民真苦,农业真危险”的实话,对现实存在的“三农”问题做了真实描述,于是,“三农”问题在社会上引起较大反响,并得到全社会的重视。至此,“三农”问题引起了越来越多的讨论,大家达成一个共识:“三农”问题已严重地阻碍着全面建设小康社会的步伐和我国经济结构的战略调整,已严重地影响着我国综合国力和国际竞争力的全面提升。在社会各界的关注下,2001年3月,国务院总理朱镕基在关于“十五”计划的报告中说:“农业、农村和农民问题是关系改革开放和现代化建设全局的重大问题。”这一年,“三农”问题被写入文件,不仅被决策层、理论界关注,而且引起全社会广泛关注。紧接着,以胡锦涛总书记为首的新一届领导集体把“三农”问题提到了一个相当重要的位置。2004 年 2 月 8 日,《中共中央、国务院关于促进农民增加收入若干政策的意见》正式公布,这是时隔 18 年后中央再次把农业和农村问题作为中央“一号文件”下发,也是建国 55 年来中央首次就农民增收问题出台文件。《中共中央国务院关于促进农民增加收入若干政策的意见》强调要把“三农”问题与十六大提出的全面建设小康社会的大目标结合在一起,要把“解决好农业、农村、农民问题作为全党工作的重中之重”。至此,“三农”问题被提到了前所未有的高度。从此以后,每年召开的两会都把“三农”工作列入党和政府工作的重要议程。

6.如何认识“三农”问题产生的主要原因?

当前我国“三农”问题的产生,既有内部因素,又有外部因素;既有历史因素,又有现实因素;既有客观因素,又有主观因素。对此必须全面把握,不能仅仅局限于从农民、农村、农业自身内部来寻找原因,而忽视外部因素的影响和制约,不能仅仅看到导致“三农”问题产生和发展的现实性因素,更不能忽视历史性、制度性因素的影响。

(1)城乡二元户籍制度是“三农”问题产生的主要原因。在新中国成立之初，人口的城乡流动和自由迁移是不受限制的。1949 年—1957 年，在市镇人口增加的总量中,70%~80%是由农村向城市的迁移构成,与当时发展中国家的一般情形相类似。然而,此后国家为了保证农村有足够的劳动力生产农产品，同时也为了把城市里享受农产品低价格供给的人数限制在最小的范围内,从制度上对城乡人口、劳动力流动做出约束。以 1958 年全国人民代表大会通过的《中华人民共和国户口登记条例》为标志,国家在全国范围内实行户籍管理体制。从此形成了几乎延续至今的、阻碍人口迁移和劳动力流动的制度框架。在二元户籍制度的安排下,农民被紧紧地困在土地上,失去了自由流动的权力,而这正是使资源达到最优配置的最重要前提。尤为重要的是在这一户籍制度下，拥有城市户口的人不但可以享受国家低价供给的生活用品，而且可以享受国家提供的公共医疗、公共住房、单位福利、就业优待、退休金、养老金、子女上学以及便利的城市设施。这犹如不可逾越的一道鸿沟,人为地割裂了农村与城市、农业与非农业的经济联系,形成了城市相对于农村的优势地位。这一制度的实质就是过度向城市、市民倾斜,而对农村、农民的积极性和实际利益关注太少,甚至顺其自然。这样就形成了"城乡分治,一国两策"、"一样的国民,两样的待遇"的不合理格局,使中国社会事实上分裂成了城市居民和农民两种截然不同身份的阶层,并由此造成了现阶段的"三农"问题。改革开放以来,户口制度虽有了陆续的松动,但是城市与乡村极不对称的状况没有根本上的改变。虽然城市市场经济的发展为农村劳动力流入提供了大量就业机会,但相应的城乡二元化管理体制改革严重滞后,大部分农民即使长时期进城务工经商,最终仍然难以取得合法身份,难以在城镇定居。此外,由于过分强调农村"离土不离乡"、"进厂不进城"的就地转移政策,使得农村自给性生产和生活服务体系得以维持,农村服务产业的发展被抑制,"三农"问题也很难得到改观。

(2)新中国成立之后,国家优先发展工业,工农产品"剪刀差"政策也是"三农"问题产生的又一原因。新中国成立之后,为了贯彻执行国家工业化战略和城市优先发展的需要,在缺乏实践经验和理论指导的情况下,我国全盘照搬了前苏联的一整套做法,即尽可能多地汲取农业经济剩余为工业化提供原始积累,以加速工业化进程。于是,我国从 1953 年开始实行统购统销的粮食购销体制,该体制的基本特征是以低于价值的价格收购农民的粮食。在实行粮食统购统销的同时,国家又以高价向农民提供工业产品,这样就导致工农产品之间不合理的比价关系,即"剪刀差"。统购统销制度持续了三十多年,把居民的口粮分为农业粮和商品粮,让农民供应城市居民商品粮,农民却不能从城里买到商品粮和凭本供应的各种副食品。这使本来不景气的农业与处于贫困状态中的农民的处境雪上加霜,严重地阻碍了农民生活水平的提高和农村经济的发展。

(3)缺乏长期稳定的财政支持是"三农"问题产生的重要原因。由于我国农业经营方式较落后，农业基本上还是手工劳动，畜力耕作为主，经营规模小，生产链条短，产品科技含量少，劳动产出低，农业低效运行，缺乏市场竞争力。因此，国家必须要有一些倾斜的财政政策支持才能促其发展。但是，由于财力等原因，我国财政支农支出虽然总量不断增加，但相对比重却处于不断下降趋势，这给农业的持续、稳定发展带来了不利影响。从投入渠道看，农村依赖财政单一渠道支持的局面尚未根本改变，多元化社会资金投入农业的财政金融体系尚未建立。在农村金融领域处于垄断地位的农村信用社，由于担心农民不能按时还款，影响资产安全，也不愿意向农民发放贷款。农业投入不足，就难以完全满足农业持续、稳定发展的需要，这也间接地导致了“三农”问题的产生。

(4)人地关系紧张的基本国情是“三农”问题产生的客观原因。新中国成立之后，庞大的人口给农业发展造成了巨大的压力。新中国成立以来，我国经济发展采取重工业优先发展，重工业提供的就业机会远远小于轻工业和第三产业提供的就业机会，加上城乡二元户籍制度下对人口流动的限制，更多的农村人口被束缚在土地上，加剧了农业劳动力过剩的情况，最终影响了农民收入水平的提高和农村的发展。

7.“三农”问题产生的历史背景是什么?

我国的“三农”问题之所以发展到前所未有的被关注和重视的程度，是由我国特定的历史条件和特殊的国情所形成和决定的。新中国成立后，在半殖民地半封建社会的基础上建立起来的新中国，一穷二白，满目疮痍，百废待兴。想发展经济不行，靠农业不行，只能走工业化的道路。在这样的情况下，压倒一切的任务是尽快建立起一个以重工业为支柱的完整的工业体系，以工业化自立于世界民族之林。而走工业化的道路有三条:一是依靠本国的工业原始积累;二是依靠对外殖民掠夺;三是依靠国家对工业的优先发展。而当时我国发展工业既不能走对外殖民掠夺的道路，又无雄厚的工业基础，也不能依靠自身依然弱小的轻工业和国际援助。所以，当时唯一的办法就是走第三条道路，靠农业积累，暂时牺牲农民的利益，进行原始工业积累，发展工业化。其突出特征是农业为工业提供积累，农村为城市提供积累，农民为国家提供积累，稀缺的生产要素配置向城市倾斜。

到 1952 年，我国只用了短短三年的时间就完成了土地革命，实现了从封建土地所有制到“耕者有其田”的农民土地所有制的强制性制度变迁。随着短时期内农业生产力的提高，我国就确立了以农业积累来发展工业的道路，这是伴随着工农业产品“剪刀差”、统购统销、城乡户籍制度等制度措施实现的。在优先发展工业方面，起初国家采取一方面提高工业产品的价格，另一方面靠从农民手中收购到低价的农产品的“剪刀差”政策来发展工业。但农民虽然有着支持国家工业化建设的巨大热情，但同时农民也有自己的利益，他们不想把手中的农产品低价卖给国家，而是拿到市场上去卖，以改善自己的生产、生活条件。国家为了保证能够买到足够的农产品，于是就出台了统购统销政策，切断了农民与市场的关系，规定私自买卖农产品就以投机倒把罪定罪处罚。在统购统销政策下，一些农民看到种地没有钱赚，就纷纷跑到城市去做生意，导致大量农民流入城市，城市人口激增。于是国家采取了严厉的户籍制度来限制城乡人口流动。上述政策的实施虽然促进了我国工业的快速发展，但它也导致新中国成立后几十年里农业部门实际上一直被视为向工业和城市提供廉价原材料和食品的一种工具，农业始终被摆在为城市工业发展提供原始积累的位置上。而农业部门自身的发展、农民生活水平的改善被严重忽视，我国农业的基础地位一直未能坚实地树立起来，这也为以后“三农”问题的出现埋下了伏笔。

从 20 世纪 80 年代初期开始，我国农村实行了以家庭联产承包为主的农业生产责任制，极大地解放了农村生产力，激发了广大农民的积极性，促进了我国农业和农村经济的飞速发展，我国创造了以不足世界 10%的耕地养活 21%的世界人口的伟大奇迹。但是进入到 20 世纪 90 年代中期以后，我国出现了农村经济发展普遍减缓的迹象，而且由于农产品价格的持续下跌和其他多种不利因素的影响，许多地方的农民增产不增收，甚至出现了人均收入负增长的局面。正是在这种历史背景下，“三农”问题日益激化，并受到了中央高层以及社会各界的关注。

8.“三农”问题的衍生影响是什么？

我国是一个农业大国，农村人口占全国总人口的70%左右，所以，“三农”问题是关系到我国改革开放和现代化建设全局的重大问题，任何时候都不能忽视和放松。近些年来，由于“三农”问题的日益严重化，其对我国经济发展、社会安定以及政治稳定都产生了严重的影响。

(1)“三农”问题严重影响我国小康社会建设和经济的可持续发展。首先，没有农民的小康就没有全国人民的小康。我国有13亿人口，有9亿在农村。因此，农村能否如期完成建设小康社会的各项任务，不断提高广大农民的收入水平进而大幅度提高他们的生活水平，关系到我国全面建设小康社会的目标的实现。日益严重的“三农”问题不仅影响农民生活水平的提高和农业的可持续发展，而且对我国小康社会建设已造成严重的制约作用，不解决“三农”问题，我国小康社会就很难实现；其次，没有农业的现代化就没有整个国民经济的现代化。农业是我国国民经济的基础，离开了农业的现代化也就谈不上整个国民经济的现代化。我国农村人口占大多数，农村是个广阔的市场。广大农民收入的增长、消费的需求、农民的生活水平和质量的提高，极大程度上影响着我国经济的发展水平和程度，决定着我国国民经济的持续快速协调发展，我国改革开放以来的成功经验也证明了这一点。长期以来，我国农业现代化发展步伐一直落后于国民经济现代化建设步伐，加上“三农”问题的严重化，对我国国民经济的持续快速协调发展必将造成严重的影响。

(2)“三农”问题影响我国政治局势的稳定和国家的长治久安。农业、农村和农民问题，这不但是重大的经济问题，同时还是重大的政治问题,它关系着改革开放和社会主义现代化建设事业的大局,关系着执政党地位的巩固,关系着国家的长治久安。“农村不稳定,整个政治局势就不稳定”。因此,“三农”问题不能得到及时稳妥和有效的解决,那么它就有可能成为未来我国政治不稳定的主要因素。这主要表现在以下方面:首先,如果农业的基础地位得不到巩固,势必影响到国家的粮食安全。现阶段农民种田收益极低,农民失去了经营农业的积极性,大量青壮年农民为了增收出外打工,造成大量农田荒芜,“留守”农村的大多为老人、妇女儿童,农产品总产量下降,这直接影响我们国家的粮食安全。其次,在贫富差距非常大、部分人生活处境悲惨时,他们就有可能采取暴力来试图改变这种不平等的状况。因此,“三农”问题的严重化必然加剧农民和基层政权及干部之间的矛盾,造成大量群体性抗争事件的发生,这在一定程度上动摇了农村基层政权和党在农村地位的巩固,严重影响着农村乃至国家的稳定。

(3)“三农”问题将影响社会的全面进步和发展。在农民增收困难、城乡差距日益拉大的情况下,农民就不得不把钱都用来维持自己和家庭的基本生活上,因此,他们就没有钱来投资教育。大部分人得不到基础教育,得不到基本的卫生保障,从而他们的体力、智力等都会比较差,这样一来更会影响社会的持续发展和进步。农民收入低和农村的落后,也导致大多数人没有钱,也没有时间去学习先进文化,多数人仍继承和接受着祖祖辈辈传下来的过时的封建文化,例如包办婚姻、生儿子传宗接代等腐朽文化,也不利于先进文化的传播和创造,影响社会的进步。

9.什么是城乡二元经济结构?

一般认为,城乡二元经济结构,是指在一个国家的整个经济结构体系中,传统农业部门比重过大、现代经济部门发展不足以及城乡差距十分明显的一种状态。城乡二元经济结构是发展中国家不可避免的经济社会现象,这种现象既是发展中国家的经济结构所存在的突出矛盾,也是这些国家相对贫困和落后的重要原因。发展中国家的现代化进程，可以说在很大程度上是要实现城乡二元经济结构向现代经济结构的转换。而在我国,历史上就存在着巨大的城乡差别,是一个比较典型的二元结构社会。新中国成立后,国家所制定的许多制度和政策措施,例如粮食购销制度、户籍制度和农村人民公社制度,不但无助于消除这种二元结构,相反还强化或固化了这种二元结构。可以说,我国的城乡二元经济结构,既是历史的产物,也是计划经济体制下经济发展模式的产物,更是特定历史条件下工业化过程的产物。我国城乡二元经济结构的长期存在,造成了今日农业的停滞、农村的贫困和城乡差距,导致了工业化与城镇化的严重脱节,导致了城乡居民之间不同的身份体制,造成了城乡对立、城乡分割、城乡劳动力流动隔绝等问题。

现阶段我国城乡二元经济结构主要表现在以下方面:

(1)农村人口比重过大,城市化水平低,城乡经济发展水平悬殊,城乡差距较大。我国城乡最大的特点是少量具有现代化因素的城市与大面积落后的乡村同时并存。建国几十年来,在国家政策、资金的支持下,我国城市经济建设和人民生活水平取得了巨大的进步。而在农村,农业仍然处于传统农业阶段,农业生产基本上还依靠人力和畜力,生产力水平还十分低下,离农业机械化还有很大差距。农民的文化素质较低,自给半自给的消费结构没有大的改观,小农经济的生产模式普遍存在,这直接导致城乡差距日益拉大。20 世纪 80 年代后期以来,城乡居民的收入差距进一步拉大,1999 年拉大到 2.65 倍,超过 1978 年的水平。而 2006 年全国城镇居民人均可支配收入为 11759.45 元,农村居民家庭人均纯收入为 3587.04 元,城镇居民人均可支配收入是农村居民家庭人均纯收入的 3.28 倍。

(2)工农业经济利益的严重倾斜。新中国工业化的展开,是在工农业经济利益严重不平衡的条件下进行的，是建立在工业对农业索取的基础上的,以工农业产品的不等价交换的形式,通过工农业产品价格剪刀差积累资金来完成的。国家对农业实行统购统派制度,农民生产什么、生产多少全部实行指令性计划。可以说,农业为我国的工业化积累了巨额资金，农民为工业化的成就作出了巨大贡献，但也正是在农业剩余转化为工业资本的过程中，排斥市场机制，实行不等价交换，致使工农业之间无法产生良性的联动。

(3)在城市和农村形成了过分单一的经济结构。城市经济以现代化的大工业生产为主，而农村经济以典型的小农经济为主。几十年来，城市以发展工业为主，几乎垄断了全部资源，国家基本上垄断了对非农业的投资；农村搞农业，经济结构单一、凝固，城乡产业分工十分鲜明。单一的农村经济结构，使农村的多种资源优势难以凸显，农村综合优势无法发挥。因此必然导致农村劳动生产率低下，农业收入增长缓慢。

10.什么是工农业产品的“剪刀差”？

工农业产品“剪刀差”所表现的是一种工农业产品的动态价格情形，它以一定时间为周期，在此时间内，当农产品价格上升速度低于工业品价格上升速度时，农产品价格相对就越来越低，而工业产品价格则越来越高，这种变化在统计图里呈现为张开的剪刀状，这也就是所谓的工农业产品“剪刀差”。工农业产品“剪刀差”其实就是不合理的工农产品比价，不合理的工农产品比价是产生剪刀差问题的根源。正是由于工业产品价格高于其价值，农产品价格低于其价值。这样，在工农产品的交换过程中，工业企业得到的多，而农民得到的就少。

新中国成立以后，由于其工业生产在战争中遭到了严重的破坏，而当时国家百废待兴，发展工业所需的资金也非常短缺，在这种情况下，我国工业化道路就采取了“剪刀差”的方式，从农业中抽取大量剩余来发展工业。当时，在计划经济体制下，国家为了完成工业化的原始积累，对农产品实行统购统销和合同定购，通过工农产品之间的价格“剪刀差”形式，使农民的利益从农业流向城市的工商业。尽管在当时的历史条件下，这种资金流动是建立工业化体制、积累经济发展所需资本的最好方式，但这种资本积累的社会不公平性也是显而易见的。例如，农民在以低价销售粮食的同时，却以高价购进农业生产资料,农业生产成本大幅度上升。根据国务院农业发展研究中心1986年的推算,1953年—1978年计划经济时期的25年间,工农业产品价格剪刀差总额估计在6000亿元~8000亿元,也就是说中国工业化资本原始积累主要来源于农业,是以牺牲农业和农民利益来发展工业的。

新中国成立初期,国家通过采取“剪刀差”政策积聚资金来加速工业化进程,虽然使我国工业在一个很短的时间内取得了较快的发展,但“剪刀差”过大地把农业部门创造的价值转移给工业部门,导致农业自我积累能力低下,农民负担沉重,农产品销售收入扣除成本后获利微乎其微,甚至赔本,最终农民收入低,生活水平得不到提高,农民的生产积极性受挫,对农业的生产资料投入能力和热情随之降低,农村发展也举步维艰,城乡差距日益拉大,最终使“三农”问题严重化。因此,要消除“三农”问题,国家应尽可能地缩小“剪刀差”乃至消除“剪刀差”,通过工业反哺农业、城市反哺农村的措施来统筹城乡经济社会全面发展。

11.什么是城乡二元户籍壁垒?

新中国成立之初,人口的城乡流动和自由迁移是不受限制的,国家为了控制农村人口大量流入城市和保障城市居民的充分就业,逐步限制了城乡人口流动,城乡二元户籍壁垒逐渐形成。1953年,国家政务院发布了《关于劝止农民盲目流入城市的指示》,1957年底,国务院颁布了《关于各单位从农村招用临用工的暂行规定》,要求“各单位一律不得私自从农村招工和私自录用盲目流入城市的人员”。但总的说来,这一时期限制还比较宽松。1958年,全国人大常委会通过了《中华人民共和国户口登记条例》,明文规定:“公民由农村迁入城市,必须持有城市劳动部门的录用证明,学校的录取证明,或者城市户口登记机关的准予迁入的证明,向常住地户口登记机关办理迁出手续。”为此,1958年10月,中央政府公布了《户口登记条例》,对农民进城作了严格限制。至此,城乡分隔的户籍制度正式确立并不断强化,这犹如不可逾越的一道鸿沟,人为地割裂了农村与城市、农业与非农业的经济联系,形成了城市对农村的优势地位,最终造成城乡二元户籍壁垒。其表现在以下方面:

(1)城乡二元身份壁垒。长期以来,我国用户籍制度将城市居民和农民严格控制在两个不同的社会范畴内,这两者的界限十分明显,各自有着一套制度性规定的束缚。通过户籍制度,国家严格控制农民身份的改变,农民很难进入城市就业,不能从事非农业活动,农村人口改变身份、职业和居住地的自由受到了极为严格的限制。改革开放初期,大量涌向城市务工的农民被称为"盲流",进城务工的农民几乎不可能获得城镇户口,就是很好的例证。随着这种户籍制度的实行,它不仅以法律形式严格限制农业户口转为非农业户口,要求城镇办工商业,农村搞农业;城镇居民住在城镇,农民住在农村;农民子女只能报农业户口,将农民拒之于市民之外。而且它所导致的城乡居民之间不同的身份体制,造成了城乡对立、城乡分割、城乡劳动力流动隔绝等问题。久而久之,形成了严重的城乡二元身份壁垒。

(2)城乡居民在社会福利和实际权利方面的壁垒。户籍作为一种人口登记和数据统计的制度有它的作用,但在我国城乡户籍制度下,我国法律规定的许多公民权利,在实践中都不同程度、不同形式地与户籍制度相关联,形成了依附于不同户籍制度的政治权、财产权、教育权、劳动权、休息权、社会福利保障权等。隐藏在户籍制度后面的事实就是,只要获得了城镇居民的户籍,则从出生、入学、就业、就医、社会保障等,都具有一系列城市优越的福利制度作保证。而作为农村居民,则没有福利制度作保障,还具有一系列的限制性条件。例如在就业方面,我国在计划经济时期,在城乡二元户籍制度下,国家对城镇居民的就业统包统分,凡是达到就业年龄的人,由政府负责安排就业、落实工作。城镇内部的就业岗位,原则上只对城镇居民开放。而对于农民,国家的就业制度不包括农民的就业,农民似乎没有就业的概念,农民只能世代在农村从事农业活动。不管农村人口的增加、土地的减少、农业劳动生产力的提高与否,农村人口只能就地消化,除非农民通过升学、招工、转干等途径转为城镇户口。城镇和农村的就业制度形成相互封闭、各自为政、内部循环的系统。在养老保险和公费医疗方面，国家规定国家干部、城镇全民、集体所有制职工，享受退休待遇，由国家、单位发放退休金，城镇居民基本上做到了老有所养，但农民则没有这种制度，养老基本上由子女负担，生老病死都由家庭负担。从20世纪50年代到90年代上半期，国家对城镇居民实行公费医疗制度，他们的医疗费用均由国家负担。而农民长期以来的医疗费用均由自己负担。在农村，因病致贫、无钱治病的农民不在少数。

12.什么是统购统销？

新中国成立初期，粮价飞涨，民众恐慌，我国政府采取紧急措施，以掌握粮源和垄断城市粮食供应，迅速平稳了城市粮食市场。随着工业化进程的展开及抗美援朝战争的爆发，粮食需求大为增加，粮食极为短缺，高度集中统一的粮食购销体制成为决策者的自然选择。1953年11月，国家颁布《关于实行粮食的计划收购和计划供应的命令》，把以前的一些临时性措施制度化、法律化，确立了国家对粮食市场流通与价格进行垄断经营和管理的基本政策。其基本内容包括：在农村向余粮户实行粮食计划收购（简称统购）的政策；对城市居民和农村缺粮户，实行粮食计划供应（简称统销）的政策；实行由国家严格控制粮食市场，对私营粮食工商业进行严格管制，并严禁私商自由经营粮食的政策；实行在中央统一管理之下，由中央和地方分工负责的粮食管理政策。1956年，国务院发布了《关于农业生产合作社粮食统购统销的规定》，1958年，国务院又发布了《关于改善粮食管理体制的几项规定》。至此，统购统销制度已基本齐备。

继粮食之后，国家对统购统销的品种很快扩展到食油、棉花及其他农副产品。1953年，对油料实行统购统销；1954年秋，对棉花实行统购统销；1955年1月对生猪实行派购，即按指派任务收购；1956年10月，对烤烟、黄麻、甘蔗、茶叶、蚕茧等十余种农产品实行统一收购；1957年又进一步把供出口的苹果、柑橘和38种中药材列入统一收购范围。1961 年,国家正式将农产品分为三类:第一类属于统购统销产品,包括粮食、棉花和油料等;第二类属于派购产品,包括生猪、烤烟、黄红麻、蚕茧、毛竹等;其余产品属于第三类。一二类农产品必须严格执行国家规定的统一收购价格,农民必须按照国家规定的价格、品种、数量出售给国家指定的商业单位,不允许私人经营。其后,农产品统购统销制度不断加强,列入统购统销的农产品品种继续增加,由 20 世纪 50 年代中期的 20 余种上升到 70 年代的 230 余种。

13.农民工是如何被提出来的?

农民工被称为“民工”、“外来民工”、“外来工”,有的称为“打工妹”、“打工仔”、“城市移民”、“农民工人”、“农民进城务工经商人员”等,是指没有城市户口,而在城市就业和工作的,以农村户籍为标志的农村进城务工经商人员。也就是身份上属于农民而职业上属于工人的在城市工作的劳动者。农民工不同于农民的是其所从事的职业,不同于工人的是其所属的身份。所以,农民工是中国二元经济社会结构下特有的现象,体现了职业流动与身份制并存下的农村社会分化的特点。

农民工在我国的产生和发展有其特殊的历史背景。新中国成立后,为了有计划、更好地开发利用农村劳动力资源,同时也为了避免因农民的流动而给城市、给政府管理工作带来不必要的麻烦,长期以来,我国一直实行的是一种严格的城乡二元分割格局。在这种格局下,我国公民尤其是农民的迁徙自由受到了严格的限制,城乡流动存在着许许多多的人为屏障,如 1957 年底国务院颁布的《关于各单位从农村招用临用工的暂行规定》,要求“各单位一律不得私自从农村招工和私自录用盲目流入城市的人员”。因此,在这一时期只有极少数人以极有限的途径如统一招工、参军、考学等实现“鲤鱼跳龙门”进入城市。城里人、乡村人各自固守在自己领域内流动,这种局面“平平静静”地延续了几十年。

十一届三中全会后,家庭联产承包责任制迅速在全国农村铺开。

农民的劳动积极性空前高涨，生产力得到空前释放。但随之也出现了两个局面：一是承包的农田普遍得到了精耕细作，机械化水平也在不断提高，所需劳动力、劳动日大减，“一年活半年干，剩下时间无事干”。二是现有耕地已开垦完，田间地头的边、角、棱也被蚕食掉，通过扩大土地来吸纳更多劳动力的方法已无路可走。这样就出现了一对矛盾：改革与剩余劳动力的矛盾，改革越深入，剩余劳动力问题就越突出。在僵化的城乡分割格局尚未出现松动的情况下，就地发展乡镇企业不失为解决这一矛盾的一个成功模式，但这毕竟只是一个权宜之计，不能从根本上解决问题。恰在此时，中国沿海地区，特别是经济发展起步较早的珠江三角洲地带，随着改革开放的发展，本地的劳动力已远远不能满足城市发展的需要，也需大批廉价劳动力来填补这一空白，这样就为农民工的输入打开了一个缺口。于是，作为一个具有鲜明时代特色的名词——农民工开始进入人们的视野，并于20世纪80年代末演变为一股猛烈的“民工潮”，进而于2004年初春在我国局部地区又演化为“民工荒”。

14.如何准确评价家庭联产承包责任制的历史意义和制度局限？

新中国成立以后，农村的土地政策经历了四次大的变革：第一次是摧毁封建土地制度的土地改革；第二次是社会主义改造时期的合作化；第三次是“大跃进”期间的人民公社化；第四次就是指在20世纪50年代中期就萌发而在70年代末80年代初才形成发展起来的家庭联产承包责任制。家庭联产承包责任制就是指农户以家庭为单位向集体组织承包土地等生产资料和生产任务的农业生产责任制形式，是以集体经济组织为发包方，以家庭为承包主，以承包合同为纽带而组成的有机整体。其基本特点是“集体所有、分户经营”，把土地的所有权与经营权分离开来。在保留集体经济必要的统一经营的同时，集体将土地和其他生产资料承包给农户，承包户根据承包合同规定的权限，独立作出经营决策，并在完成国家和集体任务的前提下分享经营成果，一般作法是将土地等按人口或劳动力比例根据责、权、利相结合的原则分给农户经营。

改革开放之初农村家庭联产承包责任制的确立和在全国范围的推行，拉开了我国新时期经济体制改革的大幕，促进了农村面貌的巨变，具有极其重大的历史意义。首先，家庭联产承包责任制的实行，实现了生产资料的所有权与经营权的分离，农民作为独立经营者的地位进一步得到加强，使农民的利益直接与其生产经营活动紧密联系起来，刺激了农民的生产积极性，解放了农业生产力；其次，家庭联产承包制改变了传统制度下农地产权高度集中的弊端，实现了农地所有权与承包经营权的分离。这种分离既使农民拥有了剩余索取权，真正体现了“多劳多得、少劳少得”的按劳分配原则，从而极大地调动了农民的生产积极性，又在一定程度上克服了传统农地产权制度的权利、责任和义务与风险脱节的弊端，提高了农地资源的配置效率和利用效益。既保持了主要农业生产资料公有制的性质，又满足了农民对土地的强烈渴望，扩大了农民生产经营自主权，将农民的利益所得直接与其生产经营状况挂起钩来；最后，家庭联产承包经营责任制使农业经营方式发生了重大变化，形成了“分户经营、自负盈亏”的基本格局，从而使得农户在生产经营、产业结构的选择上都能以市场为依托，进而构成了农户经营的压力和内在的动力，诱导和驱使农民必须改善经营管理，增加土地投入和改良措施。改变了我国农村旧的经营管理体制，解放了农村生产力，调动了广大农民的生产经营积极性。根除了多年存在的生产上“大呼隆”、分配上的“大锅饭”的现象，因而受到了农民的广泛欢迎，得到了迅速的推广。

家庭联产承包制在过去的二十多年里，对于推动农村和全社会的发展发挥了不可估量的作用。但随着整体改革的深入、社会条件的变迁，许多地方出现了诸如农业基础设施建设荒废，农民增产不增收，大量农民外出打工、中青年劳力不足而导致的土地抛荒、弃耕等问题。而这些问题最终归结到一点，那就是家庭联产承包制已出现明显的历史局限。首先，它是计划经济条件下的产物，并且只是生产领域里的变革。当时的口号是“交够国家的，留足集体的，剩下都是自己的”，这样一种产品分配制度以及与之相适应的仅局限于生产过程中的“双层经营”模式，本身就是农业至今难以走向市场的一个原因。其次，家庭承包制度的立法缺陷，导致农村土地产权不明晰。在我国有关法律中，农民对承包的集体所有的农地所拥有的权利为“土地承包经营权”，但有关法律对这种权利至今没有明确规定。现行的农地制度存在着产权主体不明或缺位的制度性缺陷。农村的土地归农民集体所有，这在宪法、土地管理法等重要的法律文件中都有明确的规定。如宪法就明文规定，农村和城市的土地，除法律规定属国家所有即全民所有的以外，属于集体所有。但这里的“集体”却是一个模糊的概念。因为，传统的农村集体所有制有公社、生产大队、生产队“三级所有”，现在的新体制也有乡、村、村民小组三级集体组织，那么土地到底属于哪一级集体所有？即土地产权的主体是不明确的。再次，联产承包制虽然释放了一大批剩余劳动力，由于未能及时形成相应的土地流转制度，反而将余下的那部分种田农民与耕地更紧地捆在了一起，在同一地域或同一时期，农民们要么都不愿种地，要么抢着种地，形成两大生产要素的“板结”状态，这与市场经济要求生产要素自由流转优化配置显然相悖。最后，联产承包制下土地地块的条块分割限制了土地的规模经营。自实行家庭承包责任制以来，我国农地的配置基本遵循平均分配的公平原则，按现有人口平均分配，实质上是一种“均田制”。这种分配，无疑将大规模的土地人为地划分成了众多条块，地块面积的狭小限制了土地的规模经营，大量现代化的设备无法使用，在生产经营中，农田机耕、灌溉、生产资料供应、农产品销售、生产投资贷款、先进技术推广等都成为严重的问题，不利于农业技术的进步。而且更重要的是，即使他引进了较为先进的生产力，加速生产经营信息化，引进先进的生产管理制度及生产经验，由于其所能使用支配的土地很少，生产经营规模本身就很小，他的收益仍然很低，所以普通农户是不会很积极地来引进先进生产力的。这不利于农业生产规模的扩大，也不利于分工的发展。超小规模的家庭经营使中国农村经济带有浓厚的小农经济色彩，使我国农业生产长期滞留在半自给自足的自然经济阶段，导致农产品成本过高，缺乏市场竞争力，经济效率低下。

15.乡镇企业是如何出现的?

改革开放以前的计划经济时代，国家采用行政手段，实行严格限制农村人口向城市流动的政策，形成了城乡隔离与封闭的二元经济社会结构，致使大量的劳动力长期滞留在农村。十一届三中全会以后，随着农村家庭联产承包责任制在全国范围内的实施，极大地调动了农民生产的积极性，提高了农业劳动的生产率，促进了农业生产的迅速发展。我国农村社会生产力水平的迅速提高，一方面使农民的收入有明显的增加，另一方面也导致出现了大量的剩余劳动力。在工农业收入过分悬殊的客观条件下，增收欲望与劳力过剩的现实必然诱发转移需要，农民希望办工业，但由于户籍制度的限制，农民兴办工业只好就地发展。因此，我国农村生产力的发展产生了对乡镇企业的需求。1984 年前，乡镇企业叫“社队企业”，即当时人民公社和生产大队或生产队办的企业。1984 年，中共中央下发的一号文件、四号文件鼓励农民个人兴办或联合兴办各类企业，乡镇企业的范围进一步拓展，包括乡办企业、村办企业、个体企业、联户企业等。同年，中共中央国务院同意农牧渔业部提出的将社队企业改称乡镇企业，至此，乡镇企业这一名称正式出现。1985 年，“七五计划”指出“发展乡镇企业是振兴我国农村经济的必由之路”。1992 年，邓小平南巡讲话，党的“十四大”召开，我国乡镇企业的发展迈进了一个政策全面开放、经济持续增长的新时期。1997 年颁布实施的《中华人民共和国乡镇企业法》正式给了乡镇企业法律定义，指出“乡镇企业指农村集体经济组织或者农民投资为主，在乡镇(包括所辖村)举办的承担支援农业义务的各类企业”。

乡镇企业是我国亿万农民的一个伟大创造，也是党领导改革开放所取得的一项巨大成就。改革开放三十年来，我国乡镇企业异军突起，迅猛发展，成为农村经济的主体力量和国民经济的重要组成部分。乡镇企业的发展对促进国民经济增长和支持农业发展，逐步实现农村工业化，增加农民收入和吸纳农村剩余劳动力，以及壮大农村集体经济实力和支持农村社会事业，都发挥了不可替代的重要作用。这一模式适应了农村的社会经济环境，能够吸收农村剩余劳动力就业，提高农民收入，同时又避免了其他发展中国家出现的由于农村人口涌入城市所产生的“城市病”而得到理论上的肯定，被称为“具有中国特色的农村剩余劳动力转移的一条新路”。

16.什么是“三农”问题中的“三难”？

（1）“行路难”是一个最基本的困难。早在很多年以前，农民们就发现了“要致富，先修路”的道理。可修路又谈何容易？所以至今，有些地方的路修好了，也有些地方的路没有修好，还有些地方的路修好了又坏了。许多的农民，仍然面临着出门难、进城难和运输难。

（2）“看病难”是一个最可怕的困难。“救护车一响，一头猪白养；住一次医院，一年白干。”“脱贫三五年，一病回从前。”这是很多地方农民害怕生病的真实写照。中国是一个农业大国，农业人口众多。长期以来，由于农村经济落后，农村医疗卫生条件差，农民就医一直是个“老大难”问题。“小病拖，大病挨，危重才往医院抬。”农民没钱看病，不是一户两户，而是较为普遍的现象。为看病而倾家荡产、债台高筑的农户也屡见不鲜。

（3）“上学难”是个最普遍的困难。有份调查证明，在拥有就学阶段孩子的农村家庭中，子女教育花费占家庭收入的比重达到了 80%。更重要的是，这只是一个平均数。很多的贫困家庭，问题要比这严重得多。

17.什么是“新三农”问题？

随着社会经济加速转型，产业化、城镇化、工业化的发展，“新三农”（无地农民、失地农民、务工农民）已成为一个数量庞大、不断扩张的新生弱势群体，“新三农”们大部分面临种地无田、就业无岗、低保无份的严峻挑战,这值得我们高度关注。

(1)无地农民问题。我国的农村土地承包法中规定,在承包期内,土地使用权不得收回,不得调整,这一方面虽然保证了一定时期内农民对土地使用权的垄断,保护了农民利益,但另一方面也造成了土地承包起点不公平,再加上限制土地调整等原因,就造就了一个非常庞大的无地农民群体。他们包括:第二轮土地承包时未分配承包地的(如分地时的非集体经济组织成员、超计划生育的"黑户口");第二轮土地承包以后新增人口(如新媳妇、新生人口);因各种原因返乡务农人员(如复员军人、学生、下岗归农人员等)。据有关专家在全国近十个省份的调查归总分析,我国农村至少有10%的人口没有土地。无地农民的比例大小与非农产业关系不大,而与土地资源多寡、是否调整关系极大。土地资源富有、调整频繁的地区,无地农民相对较少,反之则较多。无地农民因土地财产缺失而产生人生依附关系,严重阻碍社会进步,其矛盾还没有充分暴露,是因为在很大程度上被其家庭拥有一些承包地的现状而暂时掩盖了,但其潜在的危机仍然十分严峻。

(2)失地农民问题。为了实现现代化,我国采取了一系列加速推进工业化、城市化和农业产业化的政策。这些政策的推行,必然产生各利益群体重新配置或瓜分农地资源的问题。一是农村土地在农业领域向民间、工商、外资三大资本集中,表现为种植、养殖业大户或非农村住户经营土地;二是向农业以外领域转移,"国家建设"、"园区开发"、"乡村集体圈占"等。归结起来,有五大原因导致农民失去土地,即国家征地、开发区圈占、乡村集体非农利用、土地流转、全面小康新农村建设,其结果造就了又一个庞大的新的农民群体阶层——"失地农民"。据国土资源部报告显示,1996年—2005年,我国的耕地面积净减少1.2亿亩,约占耕地总量的6.6%。按人均占有耕地1.4亩计算,失地农民数在8571万人。

(3)务工农民问题。1978年开始的以家庭联产承包责任制为核心的农村经济政策,赋予了农民支配自己劳动时间和优化劳动要素配置的权力,充分调动了农民的生产积极性,极大地解放了农业生产力，在劳动效率明显提高的同时，促使了农村对农业劳动力需求的大大减少，加速了农村剩余劳动力的产生，使农村隐性失业显性化。目前，全国外出务工的农民工总量规模巨大。据统计，到 2006 年 5 月，我国农村劳动力外出务工约为 1.8 亿人，进城农民工约为 1 亿人，跨省流动就业的农民工约为 6000 万。但由于二元经济社会体制的障碍，农民工一直被视为农民的一部分，他们经济收益和社会地位最低，政治参与最少，分享精神文明和政治文明成果的能力最弱，是一个非常需要帮助和保护的群体。然而必须看到，农民工已不是原来意义上的农民，他们出于生存、经济交往、安全保障等多重需要，已突破传统的地缘、血缘、业缘关系，在更大范围内以“老乡”关系为纽带逐渐联合起来。尽管这种联合是临时性的、小规模的、松散的，但是，许多苗头表明，他们比传统农民有更大的活动范围及号召和组织能力，应该特别予以关注。

【实例 1】小岗村村民的“生死状”

安徽是个农业大省，但在“左”的路线指导下，长期没有解决吃饭问题，小岗村位于安徽省凤阳县东的小溪河镇，大包干前，小岗村是全县有名的“吃粮靠返销，用钱靠救济，生产靠贷款”的“三靠村”，农民无法解决温饱问题，全村人几乎每年都会出去讨饭。1978 年安徽发生了百年不遇的特大旱灾，为了战胜灾荒，小岗生产队决定把生产队的土地分了，实行包产到户。1978 年 12 月的一天晚上，该村 18 户农民在队长严宏昌主持下，在社员严立华家写下了一纸契约。全文如下：“时间：1978 年 12 月。地点：严立华家。我们分田到户，每户户主签字盖章，如此后能干，每户保证完成每户全年上交（缴）公粮，不再向国家伸手要钱要粮。如不成，我们干部作（坐）牢杀头也干（甘）心，社员们也保证把我们的小孩养活到 18 岁。”到会的 21 个农民，3 人盖了私章，18 人按了血红的手印，大家发誓，保证严守秘密。由于责任明确，方式灵活，当年就收到了令人震惊的效果，全村粮食产量达 6.62 万斤，相当于 1966 年—1970 年的粮食产量的总和。这个合作化以来从未向国家上缴一斤粮食的生产队，第一次向国家缴了公粮。

【评析】1958年的“大跃进”和“人民公社化运动”使中国农村进入了长达二十多年的人民公社时期。农村在实行“政社合一”、“三级所有,队为基础”的人民公社体制以后,实行统一经营、集体劳动、平均分配的体制,在这种体制下,农民丧失了农业经营自主权。无论是生产内容还是生产过程,公社都实行自上而下的统一领导、统一计划、统一管理、统一劳动和统一分配。这种“五统一”的实行,将农民生产上的自主权剥夺了。从而,农民被动地参加农业生产,只有接受劳动安排的义务,而没有农业经营的权利,没有生产积极性。这种体制不适合农村生产力的要求,不符合广大农民群众的意愿,严重挫伤、压抑了农民群众的积极性,所以导致我国的农业生产长期停滞徘徊,粮食和农产品严重短缺。人民公社初期,以“高指标、瞎指挥、浮夸风、共产风、命令风”为主要标志的“左”的错误严重泛滥,“一平二调三收款”的做法盛行。合作社合并为公社后,原来合作社的一切财产上交给公社,多者不退,少者不补。这些违背农民意愿的做法,既是对农民物质利益的剥夺,也是对农民主体地位的严重侵害。到了1978年,全国人均占有粮食只有633斤,与1956年相比,只多了19斤;8亿人种粮,饭还不够吃,只好靠进口粮食来弥补。农民每年每个人的收入只有70多元,全国约2.5亿农民处在温饱都解决不了的贫困境地。1978年11月,安徽省凤阳县梨园公社小岗生产队的18户农民自发地冲破“三级所有,队为基础”的人民公社的藩篱,首创“包产到户”的家庭联产承包责任制,由此拉开了农村经济体制改革的序幕。包产到户得到以万里为首的安徽省委的支持,但也遇到严重的阻力。对农民自发的包产到户,中共中央经历了从不允许、允许例外、小范围允许到全面推广的过程。最后,以家庭联产承包责任制为开端的中国农村经济体制改革,就在这里起步了。

【实例2】村民自治:党领导亿万农民建设有中国特色社会主义民主政治的伟大创造

村民自治最初是由广西壮族自治区宜山县三岔公社合寨大队的果作等6个生产队的85户农民创造的,当时的合寨大队下辖12个生产小队，由果作、果地等12个自然村组成。土地承包到户以后，村里的林木无人管，水渠没人维护，农民争水、争地等经济纠纷增多，村庄社会治安状况恶化，乱砍滥伐严重，偷盗频繁发生。1980年2月，时任生产队队长的韦焕能把另外五个生产队队长邀请到家里，提出了建立村民委员会的建议。就这样，6个生产队共85户村民以无记名投票的方式选举产生了我国历史上第一个村民委员会——果作村村民委员会。然后，他们又签字画押制定了"村规民约"，组织村民架桥修路，发展生产，维护社会治安，利用村民自治机制，调解邻里纠纷和农村各种社会关系，通过多方筹集资金改善农村交通、用电、用水等事关农民切身利益的公益问题，引导农村经济发展。这一创造有效地改变了合寨村原来的无序状态，盗窃、赌博等陋习得到了遏制，村民自治也因此得到了村民极大拥护。此后不久，当地党委政府总结推广了他们的这一做法，而与此同时，四川、河南、山东等省的一些农村地区也陆续出现了村民委员会或类似组织。

【评析】在家庭联产承包责任制下，随着原先"三级所有，队为基础"的人民公社体制的解体，以生产队和生产大队为单位的劳动制度和利益分配制度在农村社会自然失效，与此相应的旧有的基层社会的控制机制逐渐失效，各生产队已名存实亡。一时间地方基层组织呈现出瘫痪的状态，这使得农村社会治安状况严重恶化，盗窃、抢劫、杀人、赌博和封建迷信死灰复燃，农村公共产品也遭人破坏和供给不足，中国的农村陷入了一定程度的无序和失范状态。这种无序和失范状态既危及到个人和集体的利益，也危害了改革的深化和国家的利益，在这样的背景下，如何填补人民公社解体之后某种程度上的农村基层组织和权力真空，以及迅速解决前述农村基层社会运作的失范问题变得极为迫切，而家庭联产承包责任制推动了农村经济的发展，经济的发展也助长了村民的政治诉求，亿万农民在经济上实现了土地承包权，解决了温饱之后，必然自下而上在政治上争取实现当家做主，村民自治正是在这种社会失范和权利诉求的社会背景下出现的。

农民的这一创举随后得到了中央的高度重视和充分肯定，认为它比较符合实际情况，是与农村经济体制改革相适应的新的管理形式。1982 年 12 月，五届全国人大第五次会议通过修改后的《中华人民共和国宪法》，总结了各地农村改革的实践经验，用国家根本大法的形式，确立了村民委员会的法律地位，其第一百一十一条明确规定："城市和农村按居民居住地区设立的居民委员会或者村民委员会是基层群众性自治组织。"村民委员会这种组织形式写进了修订后的《中华人民共和国宪法》，标志着以村民委员会为载体的村民自治在中国取得了合法身份。1997 年党的十五大首次把村民自治的基本内容写进了党的报告中，1998 年 10 月 14 日党的十五届三中全会通过的《中共中央关于农业和农村工作若干重大问题的决定》，全面总结了农村改革二十年的基本经验，并对加强农村基层民主政治建设提出了新的要求。《中共中央关于农业和农村工作若干重大问题的决定》明确提出："扩大农村基层民主，实行村民自治，是党领导亿万农民建设有中国特色社会主义民主政治的伟大创造。""为了更好地调动广大农民的积极性和主动性，促进农村各项改革和建设事业的全面发展，必须进一步扩大农村基层民主。"《中共中央关于农业和农村工作若干重大问题的决定》进一步明确了扩大农村基层民主的核心内容就是"四个全面推进"，即全面推进村级民主选举、全面推进村级民主决策、全面推进村级民主管理、全面推进村级民主监督。

【实例 3】浙江：拟"居住证"替代"暂住证"，规定外来人口居住证达到年限可落户

2009 年 5 月 30 日，浙江省十一届人大常委会第十一次会议在杭州召开，会议审议了修改后的《浙江省流动人口居住登记条例（草案）》。该条例规定，浙江省对流动人口实行居住登记和居住证制度，居住证分为临时居住证和居住证两类。流动人口符合一定条件的，可以申领浙江省居住证。申领浙江省居住证的条件为：持有浙江省临时居住证，连续居住满三年；有固定住所；有稳定工作；居住地县级以上人民政府规定的其他条件。另外，根据居住地县级以上人民政府的规定，属于投资创业或者引进人才的流动人口，申领浙江省居住证可以

不受前款规定限制。该条例还明确规定,浙江省临时居住证和浙江省居住证证件持有人可以享受社会保障、公共服务等具体待遇,以及凭浙江省临时居住证或者浙江省居住证可以办理的个人事务。即居住证与现行的暂住证之间最大的区别在于,居住证持有人可以凭居住证到有关部门和单位办理需要凭当地居民身份证才能办理的有关个人事务,其可享受的社会保障、公共服务等具体待遇由居住地县级以上政府规定。此外,浙江省居住证持有人符合县级以上人民政府规定条件的,还可以申请转办居住地常住户口。

【评析】20 世纪 80 年代,乡镇企业大发展,农民在农业之外找到了新的就业渠道,农民工开始大量形成,但当时提倡"离土不离乡,进厂不进城",农民工进城还存在种种障碍。随着东南沿海城市的开发开放,不少农民开始到这里寻找出路。尽管顶着"盲流"的称号,但为了谋发展、求幸福,农民们还是一次次踏上远行的列车。三十年间,他们为城市建设,为经济发展作出了巨大贡献。但在这一进程中,国家为了加大对流动人口管理的需要,各地一直在实行暂住证制度。在这一制度下,公民只要离开自己的家乡到异地谋生,就会被称作"外地人",往往连子女教育、医疗服务、社会保险等起码的权益也难以得到维护。如今,农民工人数已经达到 2.1 亿,国家正在逐步解决他们看病、养老、子女上学等问题,不少城市也放开了户籍限制,从某种意义上说,城乡二元体制及其所衍生的户籍制度是目前一些社会弊病的策源地。改革户籍制度将关系到中国社会的和谐与稳定,全国各大城市及公安部均在尝试不同的改革措施,用"居住证"替代"暂住证",不失为一种改革的渐进路径,目前这一方式已被深圳、湖南、太原、兰州等城市采用。把暂住证改为居住证,虽然只是一字之差,实则意义深远,它体现了社会观念的进步。居住证制度显然弱化了传统的户籍概念,模糊了"本地"和"外来"的区分,提高了包括农民工在内的广大"流动人口"的法律地位,从而向"公民在法律面前一律平等"的宪法目标迈出了意义深远的一步。

【实例 4】2005 年提出建设社会主义新农村的重大历史任务

2005年10月11日,党的十六届五中全会通过《中共中央关于制定国民经济和社会发展第十一个五年规划的建议》,明确了今后5年我国经济社会发展的奋斗目标和行动纲领,提出了建设社会主义新农村的重大历史任务,为做好当前和今后一个时期的"三农"工作指明了方向。该建议重点从五个方面对建设社会主义新农村作出了部署:一是积极推进城乡统筹发展;二是推进现代农业建设;三是全面深化农村改革;四是大力发展农村公共事业;五是千方百计增加农民收入。

【评析】提出建设社会主义新农村的重大历史任务是党中央统揽全局、着眼长远、与时俱进作出的重大决策,是一项惠及亿万农民、关系国家长治久安的战略举措,它具有重要的意义:

(1)建设社会主义新农村,是确保现代化建设顺利推进的必然要求。国际经验表明,能否保持工农城乡之间的协调发展,是现代化建设成败的重要前提。一些国家较好地处理了工农城乡关系,经济社会得到了迅速发展,较快地迈进了现代化国家的行列。但也有一些国家没有处理好工农城乡关系,导致农村长期落后、人口过分向城市集中,形成了数量庞大的城市贫困阶层,致使经济停滞甚至倒退,现代化进程严重受阻。我国是一个人口众多、二元结构明显的发展中大国,在推进工业化、城镇化过程中,必须深刻汲取国外正反两方面的经验教训,走具有中国特色的工业与农业协调发展、城市与农村共同繁荣的现代化道路。近些年来,尽管我们做了很大努力,但长期形成的工农失调、城乡失衡状况还没有根本改观,有些方面还在加剧。如果城乡差距进一步扩大,农村不能摆脱落后面貌,我国就不可能成为真正意义上的现代化国家。我们要准确把握我国基本国情和经济社会发展规律,确保社会主义新农村建设与工业化、城镇化同步推进,把农业农村发展纳入整个现代化进程,让亿万农民共享现代化成果。

(2)建设社会主义新农村,是全面建设小康社会的重点任务。我们正在全面建设的小康社会,是惠及十几亿人口的更高水平的小康社会。改革开放以来,我国经济社会持续快速发展,城市面貌发生了巨大变化,但农村面貌变化相对较小。目前不少城市的发展水平已经接近或达到一些发达国家水平,但农村却还有一些地方通不了路、看不起病、上不起学、喝不上干净水。全国约有6亿人口还生活在农村,农民依然是一个十分庞大的社会群体。如果农业问题解决不好,农村面貌得不到有效改变,农民生活得不到明显改善,全面建设小康社会就会成为空话。因此,实现全面建设小康社会的宏伟目标,重点在农村,难点也在农村。我们要通过推进社会主义新农村建设,加快农村全面建设小康的进程。

(3)建设社会主义新农村,是保持国民经济平稳较快发展的持久动力。对于拥有13亿人口的大国来说,扩大国内需求是经济发展的长期战略方针和基本立足点。农村人口占大多数,集中着数量最大、潜力最大的消费群众,是我国经济增长最可靠、最持久的动力源泉。通过推进社会主义新农村建设,可以加快农村经济发展,增加农民收入,使亿万农民的潜在购买意愿转化为巨大的现实消费需求,推动整个经济持续增长。特别是通过加强农村道路、住房、能源水利、通信等建设,既可以改善农村的生产生活条件和农民的消费环境,大大释放消费潜力,又可以消化当前部分行业的过剩生产能力,促进相关产业发展。推进社会主义新农村建设,激活农村的巨大需求,不仅是解决当前农村经济发展突出矛盾和问题的应对之策,更是保持国民经济平稳较快发展的长久之计。

第二章　政策应对

【导言】党中央对解决“三农”问题的高度重视贯穿始终，解决“三农”问题的政策框架已经基本形成，当前任务是大力发展现代农业，深化农村综合体制改革，完善政策，强化服务，全面解决“三农”问题。建设现代农业是建设社会主义新农村的首要任务，其中有一条主线，就是要解决“三农”问题，实现2020年全面小康目标与到21世纪中期的现代化目标。党的十六大以来，用统筹城乡发展的战略思路，贯彻科学发展观，实行“多予少取放活”、“工业反哺农业、城市支持农村”等重要方针。十七大以来，中央一再强调要把解决“三农”问题作为全党工作的“重中之重”。“重中之重”主要是重农村经济发展，重农民利益维护，重城乡制度创新。经济发展是前提，农民利益是核心，制度创新是途径。显然，新时期的“重农”，既重生产力发展，又重农民利益，重农业、农村、农民全面发展，重城乡统筹发展，重工农业协调发展，重当前今后可持续发展，是科学发展观的重要组成部分。任何事物都有一个从量变到质变的过程，以2004年作为重要分水岭，经过多年来的不断调整、创新，一个与社会主义市场经济体制大体相适应，以推进农村全面小康建设和促进农民增收为目标，以确保国家粮食安全、统筹城乡发展、推进农村改革、加快农村社会事业全面进步等为主要内容的新型支持“三农”政策框架体系已经显现。

18.为什么说“三农”问题是全党工作的重中之重？

农业、农村和农民问题，历来与我国革命、建设、改革的大局紧密联系在一起。中央经济工作会议指出：“必须坚持把解决好‘三农’问题作为全党工作的重中之重，任何时候都不能放松。”这是具有重大现实意义和深远历史意义的重要论断，对于推动全党、全社会站在全局的高度重视“三农”问题，从根本上解决好“三农”问题，必将产生极其重要的作用，“三农”问题仍是全党工作的重中之重。主要体现在：

（1）产需缺口仍然较大，粮食库存继续减少，品种结构矛盾仍比较突出。从我国粮食供求总量看，在国家支农惠农政策作用下，2007年我国粮食生产连续4年丰收，但仍未达到1998年的水平。当前，国际粮荒虽然远未波及中国，但我国粮食需求占世界粮食需求总量的18.5%，粮食缺口不断扩大，过去10年我国粮食缺口占总需求的0.9%，比世界同期高了0.7%；从我国国情分析，中国的粮食安全依然是脆弱的，粮食安全的制约因素还很多。虽然近年粮食增产较多，但是农业生产资料价格上涨幅度较大，而粮食等农产品价格上涨空间减少，农民继续增收困难。农田水利建设欠账较多，农业抗灾能力不强，农业基础薄弱的状况没有得到根本改变，制约农业和农村发展的一些深层次矛盾尚未消除。

（2）农业在我国历来是安天下、稳民心的基础产业，又一直是国民经济发展的薄弱环节。随着国民经济进入“以工补农”、“以城带乡”的阶段，国民收入分配格局逐步向“三农”方向倾斜，今后中央和各级地方政府将不断加大对农业的公共基础建设投入，农业公共基础设施状况将会得到明显改善。同时，城乡统筹和一体化发展观念的增强，国家对农民的直接和间接补贴只会加强，不会减弱，有利于提高农民的生产积极性。另外，世界新的农业科技进步和我国科技体制改革步伐加快，将为突破农业发展的资源约束提供新的空间和支点。这些因素的积极作用将使农业继续保持平稳增长的趋势。但是我国农业基础仍比较薄弱，人均耕地不足1.5亩，为世界平均水平的43%；人均水资源仅为世界平均水平的1/4。“人增地减、水减”的趋势在加剧,资源条件对农业发展的约束越发突出;农民合作经济组织尚未形成大的气候,在为农民提供技术、信息、资金、物资和产品销售服务等方面发挥的作用还很有限;强制性大量征地造成的农民生活水平下降、就业无着落等问题日益严重,因征地问题引发的社会矛盾不断加剧。

(3)公共财政对农村公共产品或公共服务领域投入不足,总体覆盖力度不够。在教育方面,农村教育经费严重不足,城乡教育条件差距较大;在医疗方面,农村医疗卫生事业投入太少,农民医疗卫生条件亟须改善,贫困地区的一些贫困家庭陷入了因贫致病、因病致贫的恶性循环;在社会保障方面,按享受社会保障的从业人员计算,农村的社会保障覆盖率只有3%,城乡社会保障覆盖率的比例为22:1;在农业生产方面,中央财政投入不足,发达国家对农业的投入一般占财政总支出的20%~50%,发展中国家亦为10%~20%,而我国只有8%~11%。针对以上问题的存在,我们应该加快实行免费九年制义务教育制度。进一步改善农村医疗卫生服务,完善农村新型合作医疗制度,满足大多数人的基本卫生需要。加强医疗救助制度建设,为最贫困的农村居民提供一定的福利性医疗保障。农村的社会保障制度建设应从条件已基本成熟的经济发达地区开始,逐步推广到全国;先在农村建立最低生活保障和合作医疗制度,再逐步建立养老保险;应从最需要保障的困难群体入手,逐步扩大保障范围。坚持不断完善惠农政策,把工作重点放到大力推进农业科技进步上,提高单产,提高复种,提高品质。逐步追加粮食直接补贴、粮种免费供应、农机具购置补贴和农资综合补贴等。继续对重点地区、重点粮食品种实行最低收购价政策,适时适度提高最低收购价水平,在恰当时机让市场决定粮价,以增加农民收入。

(4)我国正处于城镇化加快发展的重要时期,必须有效引导城镇化健康发展,妥善处理城乡关系,建立逐步改变城乡二元结构的机制。社会主义和谐社会是充满创造活力的社会,是各方面利益关系不断得到有效协调的社会,城乡协调发展是和谐社会的重要标志,符合和谐社会的必然要求，也是和谐社会的关键所在。城镇化建设过程中，应该汲取国外城市化的经验教训，合理把握城镇化进度和建设规模，实行最严格的耕地保护制度，严格控制农用地转非农建设用地，注意保护和节约土地，维护农民的合法权益，努力解决好我国的“三农”问题，才能完成全面建设小康社会的伟大任务，也才能建立全体人民各尽所能、各得其所而又和谐相处的局面。

19.什么是中央“一号文件”？

中央“一号文件”原指中共中央每年发的第一份文件，该文件在国家全年工作中具有纲领性和指导性的地位。“一号文件”中提到的问题是中央全年需要重点解决，也是当前国家亟须解决的问题，更从一个侧面反映出了解决这些问题的难度。例如我国是个农业大国，也是个农业弱国，农民在全国人口总数中占有绝大多数的比例，农民的平均生活水平在全国处于最低阶层，而农村的发展问题千头万绪、错综复杂，因此“三农”问题就是目前我国亟须解决的问题。如编号是“中发[2009]1号”，即是2009年中央“一号文件”《中共中央、国务院关于2009年促进农业稳定发展农民持续增收的若干意见》。现在中央“一号文件”已经成为中共中央重视农村问题的专有名词。改革开放三十年来，围绕农业、农村、农民问题，中央出台了一系列重要政策文件，包括数个中央全会文件和11个中央“一号文件”。在不同历史阶段，中央农村工作文件准确把握保护农民物质利益、尊重农民民主权利、不断解放和发展社会生产力的改革主线，加速了城乡协调发展的历史进程。中共中央从1982年—1986年连续五年发布以农业、农村和农民为主题的中央“一号文件”，对农村改革和农业发展作出具体部署。2004年—2009年又连续六年发布以“三农”为主题的中央“一号文件”，强调了“三农”问题在中国的社会主义现代化时期“重中之重”的地位。

20.中央“一号文件”的特殊意义是什么?

在新的历史时期,如何解决“三农”问题,让改革发展成果惠及9亿农民,是加强党的执政能力建设、提高驾驭社会主义市场经济能力的一个重大课题。“农民不富,中国不富;农业不强,中国不强。”历经三十年的改革开放,我国农业发展和改革进入了一个全新阶段。这是我国农业结构加快调整的时期,是农村改革不断深化的时期,是农产品供给最充裕的时期,同时也是农民增收最困难的时期。面对“种粮越来越不划算”的现实,党中央、国务院对“三农”问题给予了高度的关注。

2004年中央“一号文件”出台后,中共中央政治局多次召开会议,研究农业和农村工作。党和国家领导人还多次深入农村调研,中共中央总书记胡锦涛考察农村时,每到一地,都要同干部群众深入交谈,详细询问中央关于发展粮食生产和增加农民收入的政策措施农民知道不知道、基层落实没落实。从稳定和完善农村土地承包关系、保护耕地、维护农民利益,到粮食流通体制改革;从加强农田水利基本建设,到扶贫救灾工作;从种子化肥等生产资料供应,到科技兴农;从农村税费改革,到清理拖欠农民工资等,内容涉及“三农”问题的方方面面。为了实现让农民增收的庄严承诺,中央在出台“一号文件”后,又陆续出台一系列更直接、更有力、更有效的政策措施,形成了一个全新的农业政策体系。

以中共中央、国务院的名义,专门制定关于促进农民增收的文件,新中国成立以来还是第一次。这说明:第一,农民收入问题已成为新的历史时期的核心问题;第二,粮食安全形势不容乐观;第三,我国经济已步现代化中期阶段,国家政策导向已从过去的以农补工向以工补农转变。这种转变具有极其重要的意义:一是体现了“以人为本”。中央“一号文件”强调了要促进粮食生产,但文件中并没有采取任何强制农民生产粮食的做法,而是围绕着增加粮食主产区种粮农民的收入,制定了一系列政策措施。尊重农民的经济利益,尊重农民的经营自主权。二是体现了科学发展观。中国经济增长很快,但城乡之间、区域之间、经济和社会之间等，都还存在着一些不够协调的问题。农民是中国最大的社会群体，农民的收入上不去，不仅影响农业、农村的发展，而且影响国内市场的扩大，最终必然会制约整个经济的增长速度。因此，高度重视农民收入增长问题，实际上体现了全面、协调、可持续的发展观。三是体现了正确的政绩观。农民占中国人口的大多数，农民不富裕，整个国家就不可能富强。因此，真正的政绩不在于国内生产总值(GDP)的增长速度有多高，不在于搞了多少漂亮的大工程，而在于这一切是否能够带动广大农民持续地增加收入、不断地提高物质和文化生活水平，这才是中国实现现代化过程中的关键之所在。

21.改革开放以来中央关于“三农”问题的“一号文件”有哪些？

改革开放以来，中共中央从1982年—1986年连续五年发布以农业、农村和农民为主题的中央“一号文件”，2004年—2009年又连续六年发布以“三农”为主题的中央“一号文件”，强调了“三农”问题在中国的社会主义现代化时期“重中之重”的地位。

(1)1982年1月1日，中共中央发出第一个关于“三农”问题的“一号文件”，对迅速推开的农村改革进行了总结。文件明确指出包产到户、包干到户或大包干“都是社会主义生产责任制”，同时还说明它“不同于合作化以前的小私有的个体经济，而是社会主义农业经济的组成部分”。

(2)1983年1月，第二个关于“三农”问题的中央“一号文件”《当前农村经济政策的若干问题》正式颁布。这个文件从理论上说明了家庭联产承包责任制“是在党的领导下中国农民的伟大创造，是马克思主义农业合作化理论在我国实践中的新发展”。文件提出，稳定和完善农业生产责任制，是当前的农村工作的主要任务；森林过伐、耕地减少、人口膨胀，是我国农村的三大隐患。解决上述三个问题，必须强调党员、干部带头，模范地执行政策，杜绝不正之风。要按照我国国情，逐步实现农业的经济结构改革、体制改革和技术改革，走出一条具有中国特色的社会主义农业发展道路。

(3)1984年1月1日,中共中央发出《关于一九八四年农村工作的通知》,即第三个“一号文件”。文件强调要继续稳定和完善联产承包责任制,规定土地承包期一般应在15年以上,生产周期长的和开发性的项目,承包期应当更长一些。

(4)1985年1月,中共中央、国务院发出《关于进一步活跃农村经济的十项政策》,即第四个“一号文件”。取消了30年来农副产品统购派购的制度,对粮、棉等少数重要产品采取国家计划合同收购的新政策。

(5)1986年1月1日,中共中央、国务院下发了《关于一九八六年农村工作的部署》,即第五个“一号文件”。文件肯定了农村改革的方针政策是正确的,必须继续贯彻执行。

(6)2004年2月8日,针对近年来全国农民人均纯收入连续增长缓慢的情况,《中共中央国务院关于促进农民增加收入若干政策的意见》下发,成为改革开放以来中央的第六个“一号文件”。文件要求,要调整农业结构,扩大农民就业,加快科技进步,深化农村改革,增加农业投入,强化对农业支持保护,力争实现农民收入较快增长,尽快扭转城乡居民收入差距不断扩大的趋势。

(7)2005年1月30日,《中共中央国务院关于进一步加强农村工作提高农业综合生产能力若干政策的意见》,即第七个“一号文件”公布。文件要求,坚持“多予少取放活”的方针,稳定、完善和强化各项支农政策。当前和今后一个时期,要把加强农业基础设施建设,加快农业科技进步,提高农业综合生产能力,作为一项重大而紧迫的战略任务,切实抓紧抓好。

(8)2006年下发的《中共中央国务院关于推进社会主义新农村建设的若干意见》,这是2004年以来中国连续第三个以农业、农村和农民为主题的中央“一号文件”。2006年这份中央“一号文件”显示,中共十六届五中全会提出的建设社会主义新农村的重大历史任务将迈出有力的一步。

(9)2007年1月29日下发了《中共中央国务院关于积极发展现代农业扎实推进社会主义新农村建设的若干意见》,即改革开放以来中央第九个"一号文件"。文件要求,发展现代农业是社会主义新农村建设的首要任务,要用现代物质条件装备农业,用现代科学技术改造农业,用现代产业体系提升农业,用现代经营形式推进农业,用现代发展理念引领农业,用培养新型农民发展农业,提高农业水利化、机械化和信息化水平,提高土地产出率、资源利用率和农业劳动生产率,提高农业素质、效益和竞争力。

(10)2008年1月30日下发了《中共中央国务院关于切实加强农业基础建设进一步促进农业发展农民增收的若干意见》,即改革开放以来中央下发的第十个"一号文件"。文件强调,按照统筹城乡发展要求切实加大"三农"投入力度,巩固、完善、强化强农惠农政策,形成农业增效、农民增收良性互动格局,探索建立促进城乡一体化发展的体制机制,并制定一系列政策措施。文件以切实加强农业基础建设,进一步促进农业发展、农民增收为主题,切中了当前农业农村发展的要害,抓住了实现经济社会又好又快发展的基础问题,是党中央从经济社会发展全局出发,从农村发展迫切需要出发,对"三农"工作作出的重大部署。

(11)2009年中央发布的《中共中央国务院关于2009年促进农业稳定发展农民持续增收的若干意见》共分五部分,约11000字,一共提出了28条促进农业稳定发展与农民持续增收的措施,其中包括:进一步增加农业农村投入、较大幅度增加农业补贴、保持农产品价格合理水平、增强农村金融服务能力等。同时指出,必须切实增强危机意识,充分估计困难,紧紧抓住机遇,果断采取措施,坚决防止粮食生产滑坡,坚决防止农民收入徘徊,确保农业稳定发展,确保农村社会安定。

22.如何认识科学发展观下的新"重农"思想?

中国历史上历来都有"重农"的思想,主要是重农业生产,重农民的数量。因为过去是农业社会,农业是经济基础,人要生存,要靠农业,政府要运转,要靠农业提供财政,提供税收,所以国家都很重视农业。儒家思想的集大成者荀子曾提出“强本而节用,则天不能贫”的命题。史书中的“食为政首”,“地者、政之本也”,“王者以民为本,而民以食为天”的记载,民间广泛流传的“有粮则稳,无粮则乱,五谷丰登,国泰民安”,“谷乃国之宝,民以食为天”的俗语,体现的都是“重农”的思想。我们今天也“重农”,从1982年至1986年,中共中央曾连续五年下发关于农业和农村工作的“一号文件”,成功地指导了划时代的中国农村改革。从此,“一号文件”成了体现中央“重农”政策的专用名词。

20世纪80年代中期农民收入增长放缓后,1997年以来,农民收入已连续7年低速增长,不及城镇居民收入增量的1/5。城乡居民收入差距持续扩大,由20世纪80年代中期的1.8:1左右,扩大到3.1:3。粮食主产区和多数农户收入持续徘徊甚至减收,严重挫伤了农民种粮的积极性,农民增收进入最严峻的时期。进入新的历史时期,“三农”问题再次面临一个新关口,农业发展缺乏动力,农村发展缺乏亮点,农民增收缺乏支撑。中国人口最多的是农民,国民经济的基础是农业,最大的市场在农村,“三农”问题是中国最根本的问题,这是中国的国情。18年后的2004年,中央“一号文件”再次回归“三农”问题。这是我们的党和政府在不寻常的时期,把“三农”问题放在重中之重的位置,制定的又一个不寻常的“重农”文件。胡锦涛同志在十七大报告中强调:“解决好农业、农村、农民问题,事关全面建设小康社会大局,必须始终作为全党工作的重中之重。”

这个“重中之重”的思想和历史上的“重农”思想是完全不一样的,所以我们把它叫做新“重农”思想,它主要体现在以下几个方面:

首先,党的十七大报告提出科学发展观的核心是“以人为本”。农业的“以人为本”,最重视的是人的问题,是农民的问题。中央坚持把农民的利益作为一切工作的出发点和落脚点。2003年,胡锦涛同志多次专门到我国粮食主产区,深入到田间地头,与农民亲切交谈。强调尊重农民的经济利益,尊重农民的经营自主权,保障农业生产者的经济利益。只有农民的收入不断增加、生活不断改善,农业生产才能够持续地发展。"一号文件"强调促进粮食生产,但并没有采取任何强制农民生产粮食的做法,而是围绕着增加粮食主产区种粮农民的收入,制定了一系列政策措施。

其次,新时期的农民已不是传统意义上的农民。2004年"一号文件"把农民增收作为农村工作的中心任务和首要目标,体现了对农民的最大关怀。首次指出"进城就业的农村劳动力已经成为产业工人的重要组成部分",对农民工的地位和贡献做了充分肯定,表现了对农民阶层的充分尊重。文件强调坚决纠正土地征用中侵害农民利益的问题,坚决纠正拖欠和克扣农民工工资的问题等,表现了维护和保障农民权益的决心和气魄,体现了善待农民工的深厚感情和对农民工高度负责的精神。文件强调加强对农村劳动力的职业技能培训,提高农民的素质,促进农民的全面发展,更是抓住了发展的核心和本质。在中国历史上,农民第一次与产业工人沾上了边。

再次,用全面、协调、可持续发展的观点看待农业。我国经济增长很快,但城乡之间、区域之间、经济和社会之间等,都还存在着一些不够协调的问题。农民是我国最大的社会群体,农民的收入上不去,不仅影响农业、农村的发展,而且影响国内市场的扩大,最终必然会制约整个经济的增长速度。因此,高度重视农民的收入增长问题,实际上是体现了全面、协调、可持续的发展观。

最后,科学发展观下的新"重农"思想是全新的政绩观。农民占我国人口的大多数,农民不富裕,整个国家就不可能富强。评价一个地方官员的政绩,主要的标尺是当地的农民收入水平有没有持续提高。从对土地的关注,发展到对产出的重视;从对农业的关注,发展到对农村劳动力的关心;从注重索取,到"多予、少取、放活";从对农业本身的关注,发展到从整个国民经济可持续发展的高度看农业。站在历史的高度,科学发展观下的新"重农"思想不能不说是中国"重农"思想的一次重大演变,一个伟大的创举。

23.为什么说十七届三中全会是一次重要的会议?

中国共产党第十七届中央委员会第三次全体会议，于2008年10月9日至12日在北京举行。全会听取和讨论了胡锦涛受中央政治局委托作的工作报告,全面分析了当前的形势和任务,根据全会精神,未来国内政策的导向将以积极、灵活的财政政策和建设社会主义新农村为主要方向。经过全会的充分讨论、认真审议,一致通过了《中共中央关于推进农村改革发展若干重大问题的决定》。这是一个重大的战略决策,是党中央加快推进农村改革发展的战略决策,是适应农村改革发展的新形势,使亿万农民过上美好生活的新期待,既是对改革开放三十周年的最好纪念,也是开创改革开放新局面的必然要求。

2007年,全国农民人均纯收入实际增长9.5%,为1985年以来增幅最高的一年；同期，城乡居民收入比扩大至3.33:1，绝对差距达9646元,为改革开放以来差距最大的一年。数字背后,折射的是农业和农村发展面临的严峻形势和城乡二元结构造成的深层次矛盾。农村经济体制尚不完善,构建城乡经济社会发展一体化机制要求紧迫;农业发展方式依然粗放，保障国家粮食安全和主要农产品供求平衡压力增大;农村社会事业和公共服务水平较低,改变农村落后面貌任务艰巨;农村社会利益格局深刻变化,加强农村民主法制建设、基层组织建设、社会管理任务繁重。这些让党和政府深刻地认识到:农业、农村、农民问题是许多矛盾和问题的根源,也是未来改革发展的“瓶颈”。

党的十七届三中全会就是党中央在新的历史形势下召开的一次重要会议。2003年,以胡锦涛为总书记的中共中央提出“科学发展观”;2007年,中共十七大把“科学发展观”确定为中国现代化建设的“根本指导方针”。这次三中全会则是对科学发展观的一次展开和深化,也可以说是深入贯彻落实科学发展观的第一次最重要的尝试。这次会议明确提出了新形势下推进农村改革发展的指导思想、目标任务、重大原则,从加强农村制度建设、积极发展现代农业、加快发展农村公共事业三个方面全面部署了新形势下推进农村改革发展的主要任务。

胡锦涛在中共十七大报告中指出：科学发展观，第一要义是发展，核心是以人为本，基本要求是全面协调可持续，根本方法是统筹兼顾。此次推进农村改革发展的决策部署，正是体现了这样的科学发展观。推进农村改革的目的是加快农村乃至整个国家的发展，这是不言而喻的。而这一次农村改革基本的着眼点是解决农民问题，可以说体现了“以农民为本”的指导思想。全会研究了新形势下推进农村改革发展的若干重大问题，提出积极发展现代农业，不断提升农业经济质量，要使农业不仅成为国家粮食安全的保障，也要成为生态文明建设的重要保障。同时要发展农村公共事业，让公共财政覆盖农村，让农村居民也要分享中国现代化建设的成果，不断提高生活质量，从而使中国城乡全面建成小康社会。

这是此次三中全会所展示的科学发展的前景，也是对十一届三中全会的历史性超越。对于全面贯彻党的十七大精神，深入贯彻落实科学发展观，夺取全面建设小康社会新胜利、开创中国特色社会主义事业新局面，具有重大而深远的意义。

24.如何认识十七届三中全会的主要精神？

2008 年 10 月 9 日至 12 日，党的十七届三中全会在北京胜利召开。这是三十年以来的第七个三中全会，此次全会的主题是研究农村改革发展问题，会议审议通过了《中共中央关于推进农村改革发展若干重大问题的决定》。十七届三中全会的胜利召开，必将加快推进社会主义新农村建设，对开创中国特色社会主义事业新局面将产生重大而深远的影响。

(1)分析了我国目前的态势，强调我国总体形势是好的，经济保持较快增长，金融业稳健运行，我国经济发展的基本态势没有改变。当前，国际金融市场动荡加剧，全球经济增长明显放缓，国际经济环境中不确定、不稳定因素明显增多，国内经济运行中也存在一些突出矛盾和问题，我们必须增强忧患意识、积极应对挑战。最重要的是要把我国自己的事情办好，做好保障和改善民生工作，继续推动经济社会又好又快发展。

(2)我国农村正在发生新的变革，十七届三中全会用三句话科学概括了当前农村改革发展的历史方位：我国总体上已进入以工促农、以城带乡的发展阶段，进入加快改造传统农业、走中国特色农业现代化道路的关键时刻，进入着力破除城乡二元结构、形成城乡经济社会发展一体化新格局的重要时期，即一个“发展阶段”、一个“关键时刻”、一个“重要时期”。

(3)党的十七届三中全会提出了到2020年我国农村改革发展基本目标任务，让广大农民清晰地看到了未来生活的美好图景：一是农村经济体制更加健全，城乡经济社会发展一体化体制机制基本建立；二是现代农业建设取得显著进展，农业综合生产能力明显提高，国家粮食安全和主要农产品供给得到有效保障；三是农民人均纯收入比2008年翻一番，消费水平大幅提升，绝对贫困现象基本消除；四是农村基层组织建设进一步加强，村民自治制度更加完善，农民民主权利得到切实保障；五是城乡基本公共服务均等化明显推进，农村文化进一步繁荣，农民基本文化权益得到更好落实，农村人人享有接受良好教育的机会，农村基本生活保障、基本医疗卫生制度更加健全，农村社会管理体系进一步完善；六是资源节约型、环境友好型农业生产体系基本形成，农村人居和生态环境明显改善，可持续发展能力不断增强。这六个农村改革发展基本目标任务，涉及农村经济建设、政治建设、社会建设、文化建设和生态文明建设各个方面，为8亿农民提出了具体而明确的奋斗目标。

(4)“加强农村制度建设”、“积极发展现代农业”、“加快发展农村公共事业”，这三个具体而明确的要求和部署，既切中当前我国农村改革发展面临的突出矛盾，又有力应对农村改革发展面临的主要挑战，为新一轮农村改革发展勾勒了一幅切实可行、富有可操作性的“路径图”。

(5)十七届三中全会提出四项制度创新夯实农村改革稳步推进:一是要“稳定和完善农村基本经营制度”,意味着不仅现有土地承包关系要保持稳定并长久不变,还将赋予农民更加充分而有保障的土地承包经营权,为进一步完善农村基本经营制度留下了更大的探索空间;二是突出强调要“健全严格规范的农村土地管理制度”,意味着在新的形势下,必须坚守18亿亩耕地这根红线,实行最严格的耕地保护制度,同时采取一系列措施,健全农村土地管理各项制度;三是明确提出要“完善农业支持保护制度”,意味着我国将从农业投入、农业补贴、农产品价格等多个方面进一步完善相关政策,不断强化对农业这一国民经济基础和战略产业的支持和保护;四是“建立现代农村金融制度”,着眼于为农村发展提供充足的资金支持,旨在从根本上破除导致城乡二元结构的制度基础,必将从根本上优化我国农村改革发展的制度环境,为当前和今后一段时期推进农村改革发展提供坚实的制度保障。

(6)就新形势下如何发展现代农业,全会从七个方面进行了部署,“确保国家粮食安全”被放在七项部署的首位。这是以胡锦涛同志为总书记的党中央始终对粮食安全保持高度清醒的具体体现。此外,全会还就推进农业结构战略性调整、加快农业科技创新、加强农业基础设施建设、建立新型农业社会化服务体系、促进农业可持续发展、扩大农业对外开放等作出了具体部署。目的就在于从根本上改变农业投入不足、基础脆弱的状况,真正建立粮食增产、农民增收的长效机制,积极发展现代农业,不断提高农业综合生产能力。

(7)全会深刻提出破解城乡二元结构的根本措施:“扩大公共财政覆盖农村范围,发展农村公共事业,使广大农民学有所教、劳有所得、病有所医、老有所养、住有所居。”这是我们党对8亿农民作出的庄严承诺,表明我们党从全面建设小康社会和构建社会主义和谐社会的高度,更加重视解决广大农民最关心、最直接、最现实的利益问题。随着一项项极有含金量的措施的陆续出台,消除城乡二元结构的步伐将不断加快,城乡经济社会发展一体化的崭新格局将不再遥远。

(8)全会紧紧抓住党的执政能力建设和先进性建设的主线,着眼于增强各级党组织的创造力、凝聚力、战斗力和不断提高党领导农村工作水平,对全面推进农村党的建设作出系统部署:一是要完善党领导农村工作体制机制,强化党委统一领导、党政齐抓共管、农村工作综合部门组织协调、有关部门各负其责的农村工作领导体制和工作机制;二是要加强农村基层组织建设、加强农村基层干部队伍建设,把农村基层党组织建设成为"推动科学发展、带领农民致富、密切联系群众、维护农村稳定的坚强领导核心";三是"加强农村党风廉政建设,推进农村惩治和预防腐败体系建设"。全会作出的这一系列具体部署具有极强的针对性,必将对建设文明、清廉、和谐的乡村产生重大而积极影响。

25.为什么要推行农村税费改革?

改革开放以来,我国农村实行了联产承包责任制,这种经营形式,是对农村生产关系的重大调整,既坚持了集体的优越性,又极大地发挥了农民个人的主动性、积极性和创造性,因而解放了在旧的农村经济体制束缚下的生产力,为农业生产的迅速发展开辟了广阔的道路。但一位农民辛勤耕耘一年,等卖完粮食扣去生产成本后,所得的收入却所剩无几。在这个时候,还有各种必须要上缴的税费,更加使他不堪重负,辛苦了一年没什么收获,收费的项目却还在增加。

据了解,在农村税费改革之前农民负担主要包括以下内容:农业税、农业特产税、屠宰税和"三提五统"。"三提"是指公积金、公益金、村级管理费,"五统"是指九年制业务教育、计划生育、优抚、民兵训练和村级道路建设,这些使得农民的负担苦不堪言。一些地方不按税法规定依法征税,采取高估平摊办法,按人头、田亩数向农民征收农业特产税、屠宰税。有的地方为了增加农业特产税税源,甚至强迫农民种烟、种果等。有些上级部门的强制摊派,一般的村每年的支出少则上千元,多的在万元以上,加重了乡村和农民负担。不切实际的达标升级活动,往往是上面布置任务,基层出钱出物,这些负担最后都摊派到农民头上。基层干部法制观念淡薄,工作作风较差,在向农民征税收费的过程中,不严格依法办事,不向农民宣传解释国家有关政策,方法简单,成为当前导致农民上访和引发恶性案件的重要原因。这些问题,严重侵害了农民的物质利益和民主权利,挫伤了农民的生产积极性,伤害了农民对党和政府的感情,影响了农村社会稳定。

存在这些问题的主要原因:一是农村税费制度不规范,分配制度改革滞后;二是乡镇政府职能范围过宽,基层政权机构庞大,供养人口过多,支出需求膨胀;三是一些地方、部门和基层组织提出的发展农村各项事业的目标脱离实际,超出了经济发展水平和农民的承受能力;四是现行管理和监督制度不完善,违反规定增加农民负担的行为得不到应有的严厉处罚等。农民们背着沉重的税费上路,举步维艰。农民负担过重已经成为我国农村的一个焦点问题,因此,必须对农村税费制度进行改革,规范农村分配制度,遏制各种面向农民的乱收费,从根本上解决农民负担过重的问题。

为此党中央、国务院决定通过农村税费改革和相关配套改革,规范农村分配制度,遏制面向农民的乱收费、乱集资、乱罚款和各种摊派,从根本上减轻农民负担。同时,贯彻依法治国的基本方略,用规范的分配方式控制农民负担,既体现农民应尽的义务,又可以把基层干部从收粮收款中解脱出来,改善党群、干群关系,维护农村社会稳定,促进农村基层政府转变职能,精简机构。2000年,中共中央国务院下达了关于进行农村税费改革试点工作的通知,这项改革的主要内容便是取消“三提五统”以及屠宰税等多个收费项目,农民只需交纳农业税及其附加。从此农民的负担减轻了,干群关系也变得融洽了。

26.如何认识取消农业税的意义?

农业税的全面取消,是中央贯彻落实科学发展观、统揽全局、着眼长远所实施的重大战略性举措,是建设社会主义新农村的基础环节,充分体现了党中央、国务院加快解决“三农”问题的坚定决心。农业税的全面取消,惠及亿万农民,将促进城乡统筹发展,提高农业综合生产能力和农产品国际竞争能力，同时还将引发农民深刻的观念变化，给农村各领域带来深远的影响，具有重大的意义。

(1)取消农业税是贯彻落实科学发展观的客观要求。科学发展观的本质和核心是以人为本，让全体城乡居民包括占人口大多数的农民群众共享改革发展成果。取消农业税，促进城乡税制统一，让公共财政阳光照耀到广大农村，有利于切实贯彻好“工业反哺农业、城市支持农村”的方针政策，改变农业、农村在资源配置中的不利地位，建立起新型的工农关系、城乡关系，保证农民获得平等的发展机会，共享现代化成果，促进城乡、区域、经济社会全面、协调、可持续发展。

(2)取消农业税的最大意义是归还了广大农民平等的公民权利。农业税不是个人所得税(没有起征点)，不是营业税(不区分生产的盈利性)，不是资产税(土地不是农民的私产)，而是一种典型的“身份性贡赋”。只要脱不了“农村户口”，农业税就如影随形地跟定你，活到老、缴到老。“税收是权利的成本”，但“农业税”这笔成本却没有给农民来带额外的权利。取消了农业税，农民的公民权利才有了存量增长。

(3)我国改革率先从农村突破，并以磅礴之势迅速推向全国，取得了举世瞩目的伟大成就。但随着改革的进程，“三农”问题却越来越突出。“三农”问题的核心是农民权益的保护问题。过去计划经济对农村产生的是到村到组、到边到角的影响，计划经济的管理方式延伸到农村社会的各个角落，如果根除计划经济的思维方式和管理方式，农村中存在的问题几乎都可以迎刃而解；农产品购销政策的改革、户籍改革和三提五统的取消等充分证明了这一点。农村改革最根本的是要给予农民完整的权益保障。现阶段，取消农业税是从大局观的高度和政策选择的角度考虑和解决农民权益的保护问题，对农民权益全面长期的保护(尤其是相关的土地权益)和农村市场化的进程将会产生深远的影响。

(4)取消农业税是建设社会主义新农村的基础环节。建设社会主义新农村是我国现阶段经济社会发展的客观要求和迫切任务。取消农业税,可以进一步降低农业生产成本,提高农业经营收益和农产品国际竞争力,促进建设现代农业;可以推动农民生活质量的提高和农村社会的全面进步,激发广大农民的积极性和主动性,促进农村沿着生产发展、生活宽裕、乡风文明、村容整洁、管理民主的轨道发展,保证社会主义新农村建设有力、有序、有效地推进。

(5)取消农业税,对基层政府职能转换意义重大。由于农业税的特定征收对象和现行农村的治理特点,只要农业税存在下去,基层政府与农业税的征收行为始终会难解难分地纠结在一起。而且某些基层政府把农业税的征收演化成了竭泽而渔式的恶性"收、养"机制,这不利于基层政府职能的转换。农业税的取消无形地剥离了基层政府不规范权力的又一依仗,基层政府的行政行为将会逐步得到规范,有利于改善干群关系。

(6)取消农业税是扩大内需、保持国民经济平稳较快发展的促进力量。扩大国内需求是保持我国经济良性发展的长期战略方针和基本立足点。对我们这样一个农村人口仍占大多数的国家来讲,增加农村需求是扩大内需的根本措施,是我国经济增长最可靠、最持久的动力源泉。取消农业税,可以加快农村经济发展,增加农民收入,有利于将亿万农民的潜在购买意愿转化为巨大的现实消费需求,进一步提高农村消费水平,激活庞大的农村市场,进而拉动整个经济持续增长。

27.推行新农村建设的目标是什么?

社会主义新农村建设的大幕徐徐拉开,中共中央《关于制定国民经济和社会发展第十一个五年规划的建议》,勾勒出的新农村景象令人向往。建设社会主义新农村,是党的十六届五中全会提出的重大历史任务。这项惠及亿万农民、关系国家长治久安的战略举措,包括二十字的基本要求:"生产发展、生活宽裕、乡风文明、村容整洁、管理民主。"生产发展、生活宽裕主要是指物质层面,乡风文明、村容整洁是指精神文明,而管理民主则属于政治文明范畴。它们是一个有机的整体，概括了社会主义新农村的基本内涵。2006年下发的《中共中央国务院关于推进社会主义新农村建设的若干意见》又进一步提出新农村建设“五个必须坚持”的原则要求，即“必须坚持以发展农村经济为中心，进一步解放和发展农村生产力，促进粮食稳定发展、农民持续增收；必须坚持农村基本经营制度，尊重农民的主体地位，不断创新农村体制机制；必须坚持以人为本，着力解决农民生产生活中最迫切的实际问题，切实让农民得到实惠；必须坚持科学规划，实行因地制宜、分类指导，有计划、有步骤、有重点地逐步推进；必须坚持发挥各方面积极性，依靠农民辛勤劳动、国家扶持和社会力量的广泛参与，使新农村建设成为全党全社会的共同行动”。

(1)“生产发展、生活宽裕”是新农村建设的首要任务。建设新农村，必须夯实物质基础。没有生产力的提高，没有农民生活的改善，新农村建设就成了无源之水，无本之木，就失去了经济基础，农民也会失去积极性。因此，必须坚持以发展农村生产力为中心任务，协调推进农村经济建设，促进农村生产力的解放和发展。促进粮食增产和农民实际增收，着力解决广大农民生产生活中最迫切的实际问题。经过坚持不懈的努力，使农业生产力水平有较大提高，使广大农民的生活有明显的改善，让农民得到实实在在的物质利益和各方面的实惠。

(2)乡风文明是新农村建设的重要内容之一，是建设农村和谐社会的重要体现。乡风文明是指农民群众的思想、文化、道德水平不断提高，在农村形成崇尚文明、崇尚科学的社会风气，农村的教育、文化、卫生、体育等事业发展逐步适应农民生活水平不断提高的需求。我国广大农村地域辽阔，各地自然条件、社会、经济和历史文化发展差异相对较大，特别是随着我国经济水平和城市化水平的迅速提高，农村社会正越来越多地受到来自城乡社会不同方面的影响，人口流动性大大增加。同时，随着乡村经济和社会收入分配形式的多样化，农民内部收入差距日益显现，农村社会文化风气呈多元化趋势。在经济增长的同时，农村的社会文化阵地需要主流文化的引导，加强乡风文明建设成为农村精神文明建设的重要内容。

(3)实现村容整洁,就是要以改善农村人居环境为突破口,通过稳步扎实的村庄整治,创造适于人居的环境。以提高农民素质和生活质量为根本,协调推进物质文明、精神文明、政治文明建设速度,努力实现人的全面发展和农村经济社会的全面进步,保障农民的生存,促进农村的发展。要充分发挥农民和社会各方面在农村基础设施建设中的作用,善于引导广大农民群众,通过自己的辛勤劳动,改变村容村貌,改善生活生产条件,使社会主义新农村真正达到“经济社会发展,群众生活安康,环境整洁优美,思想道德良好,公共服务配套,人与自然和谐”的建设标准。

(4)“管理民主”是推进农村政治文明建设的要求,而完善村民自治制度则是实现乡村管理民主的关键所在。这就需要加强和改进党的农村基层组织建设,要努力将基层党组织建设成为一个“领导班子好、党员干部队伍好、工作机制好、小康建设业绩好、农民群众反映好”的基层战斗堡垒,不断增强基层党组织的自身造血功能;要着力强化基层党组织的服务功能,发挥基层党组织在推动农村经济发展,引领农民脱贫致富方面的积极作用;要大力鼓励机制和制度创新,根据本地实际情况,积极探索市场经济条件下农村党建工作的新方法与新路径。

28.建立农村合作医疗制度的基本内容是什么?

在过去的几十年里,农民看病难的问题日益严重,生病治病是一些农民脱贫以后重新返贫的重要因素。针对这种情况,2002 年出台了《中共中央、国务院关于进一步加强农村卫生工作的决定》(中发[2002]13 号文件),开始在全国部署建立农村新型合作医疗制度。2005 年 8 月,卫生部和财政部联合发出通知,要求各地进一步做好新型农村合作医疗试点工作。新型农村合作医疗试点工作开展以来,各地认识明确,组织有力,工作扎实,稳步推进,取得了明显的成效,受到了广大农民群众的欢迎,为探索新形势下做好农民医疗保障工作,逐步完善新型农村合作医疗制度积累了经验。

(1)为体现党和政府对农民健康的关心，提高农民的受益水平，引导农民踊跃参加。从2006年起，中央财政对中西部地区除市区以外的参加新型农村合作医疗的农民由每人每年补助10元提高到20元，地方财政也要相应增加10元。财政确实有困难的省(区、市)，可在2006年、2007年分别增加5元，在两年内落实到位。地方财政增加的合作医疗补助经费，应主要由省级财政承担，原则上不由省、市、县按比例平均分摊，不能增加困难县的财政负担。农民个人缴费标准暂不提高。

(2)随着试点数量的增加和政府补助水平的提高，各地在分析、总结合作医疗制度和基金运行情况的基础上，认真测算，科学制定和调整农民医疗费用补偿方案。方案的制定和调整应掌握以下原则：一是要在建立风险基金的基础上，坚持做到合作医疗基金收支平衡，略有结余；二是新增中央和地方财政补助资金应主要用于大病统筹基金，也可适当用于小额医疗费用补助，提高合作医疗的补助水平；三是补偿方案要统筹兼顾，邻县之间差别不宜过大；四是补偿方案的调整应从新的年度实行，以保持政策的连续性和稳定性。

(3)要建立和完善农村医疗救助制度，做好与新型农村合作医疗制度的衔接。加大各级政府对医疗救助资金的支持，充分发挥民政部门的主导作用，动员红十字会、基金会等社团组织、慈善机构和各类企事业单位等社会力量，多渠道筹集资金。进一步完善相关政策措施，明确救助范围，提高救助水平，重点解决好农村五保户和贫困家庭的问题。在帮助救助对象参加合作医疗的同时，对个人负担医疗费用过重、难以承担的部分，应给予适当补助。针对农村贫困人口家庭收入低、生活困难大的实际，在新型农村合作医疗试点工作中对农村救助对象应给予更多的政策优惠。通过新型农村合作医疗与医疗救助的协调互补，共同解决贫困农民看病就医难的突出问题。

(4)各级卫生行政部门要加强对医疗机构服务行为和费用的监管，采取有效措施遏制农村医药费用不合理增长，减轻农民医药费用负担。要建立合作医疗定点医疗机构的准入和退出制度，引入竞争机制；制定合作医疗基本药品和诊疗目录，严格规定目录外药品和诊疗费用占总医药费用的比例，并实行病人审核签字制；严格控制定点医疗机构平均住院费用、平均门诊费用的上涨幅度，控制定点医疗机构收入中药品收入所占的比例。要加强对乡镇卫生院的监管，维护公立卫生院的公益性质。要重视和加强中医药和民族医药的应用，应将符合条件的中医医疗机构列入定点医疗机构范围，将适宜的中药和中医药诊疗项目列入合作医疗基本药品和诊疗目录，满足农民对中医药和民族医药的需求。价格主管部门要会同卫生行政部门探索建立符合实际的农村医疗服务项目规范和医药价格标准。

(5)要加强农村医疗卫生基础设施建设，健全县、乡、村三级农村医疗卫生服务体系和网络。把农村卫生服务体系建设纳入“十一五”规划，以加强县、乡医疗卫生机构能力建设为重点，并对中西部贫困地区传染病、地方病重疫区的村卫生室建设给予适当支持。各级政府要集中力量在每个乡镇办好一所公立卫生院，并由县级政府统一管理。有条件的地方，可根据实际情况，通过整合现有卫生资源，建立农村社区卫生服务机构，更好地承担农村疾病预防控制、基本医疗、健康教育等公共卫生工作。各地要结合乡镇机构改革，明确乡、村级公共卫生工作职责并落实到位。各级政府要按照明确职责合理负担的原则，建立和完善农村卫生经费保障机制。

(6)加强农村基层卫生技术人员培训，建立终身教育制度，提高农村卫生人员的专业知识和技能。高等医学院校要加强面向农村需要的卫生专业人才培养，扩大定向招生试点。研究制定农村卫生技术人员职称晋升的倾斜政策，鼓励农村卫生技术人员安心工作。建立城市卫生支援农村的长效机制，城市医院要选派医务人员轮流定期到县级医院和乡镇卫生院帮助开展医疗服务和技术培训。城市医生晋升主治或副主任医师之前，必须在县或乡医疗机构累计服务满 1 年。城市医疗卫生机构新录用的大学毕业生，在获得医师执业证书后分期分批到农村医疗卫生机构服务 1 年，服务期限可以计算为城市医生在晋升主治和副主任医师前必须到农村服务的时间。县级医院也要建立对乡、村医疗机构的定点帮扶制度。要制定政策引导医学院校毕业生到农村基层从事志愿服务。

(7)各地要把建立新型农村合作医疗制度作为维护农民健康权益、提高农民综合素质、切实解决"三农"问题、建设社会主义新农村的一项重要措施。切实摆上工作日程，提高认识，加强领导，组织好各方面力量，积极支持这项工作。

29.如何准确理解九年制义务教育？

1986年4月我国颁布了《中华人民共和国义务教育法》。这是我国首次把免费的义务教育用法律的形式固定下来，也就是说适龄的"儿童和少年"必须接受九年的义务教育。义务教育法的制定标志着我国基础教育发展到一个新阶段。虽只有十八条，但"国家实行九年制义务教育"从此成为法定义务。

最新的《中华人民共和国义务教育法》已由中华人民共和国第十届全国人民代表大会常务委员会第二十二次会议于2006年6月29日修订通过，自2006年9月1日起施行。义务教育是根据法律规定，适龄儿童和青少年都必须接受，国家、社会、家庭必须予以保证的国民教育。其实质是国家依照法律的规定对适龄儿童和青少年实施的一定年限的强迫教育的制度。义务教育又称强迫教育和免费义务教育。义务教育具有强制性、免费性、普及性的特点。

强制性又叫义务性。让适龄儿童、少年接受义务教育是学校、家长和社会的义务。谁违反这个义务，谁就要受到法律的规范。家长不送学生上学，家长要承担责任；学校不接受适龄儿童、少年上学，学校要承担责任；学校不提供相应的条件，也要受到法律的规范。所谓免费性，就是明确规定"不收学费、杂费"。公益性和免费性是联系在一起的，要全部免除学费、杂费。如修订的义务教育法第二条规定，国家实行九年义务教育制度。义务教育是国家统一实施的所有适龄儿童、少年必须接受的教育，是国家必须予以保障的公益性事业。实施义务教育，不收学费、杂费。国家建立义务教育经费保障机制，保证义务教育制度实施。

普及性是贯穿始终的一个理念。在新法中,从始至终强调在全国范围内实行统一的义务教育，这个统一包括要制定统一的义务教育阶段教科书设置标准、教学标准、经费标准、建设标准、学生公用经费的标准等。这些与统一相关的内容以不同的形式反映到法律的修改中来。如修订的义务教育法第四条规定,凡具有中华人民共和国国籍的适龄儿童、少年,不分性别、民族、种族、家庭财产状况、宗教信仰等，依法享有平等接受义务教育的权利，并履行接受义务教育的义务。

我国义务教育法规定的义务教育年限为九年，这一规定符合我国的国情,是适当的。目前,我国的义务教育学制的实际情况主要有“六三制”(即小学六年制,中学三年制)、“五四制”(即小学五年制、中学四年制)和“九年一贯制”三种学制。其中还有少数地区实行八年制的义务教育,即小学五年制,中学三年制,但这些地区目前也正在抓紧实现由八年制向九年制的过渡。从我国学制状况看来,九年制或八年制的义务教育包括了初等义务的教育和初级中等义务教育两个阶段。适龄儿童、少年按规定在义务教育学校完成了九年或八年的义务教育学习,即可达到初中毕业的文化程度。

从义务教育发展来看,关乎整个民族素质的提高和民族的复兴,对整个教育的发展具有奠基性意义和深远的历史作用，是义务教育的一个新的里程碑。无论从义务教育本身、教育法制建设,乃至中国教育事业的发展来说,都有深远的意义。

30.为什么说“三农”问题是“五个统筹”的重中之重?

2002 年党的十六大提出“以人为本,树立全面、协调、可持续的发展观,促进经济社会和人的全面发展”。在这一科学发展观指导下,2003 年十六届三中全会提出了“五个统筹”,即统筹城乡发展、统筹区域发展、统筹经济社会发展、统筹人与自然和谐发展、统筹国内发展和对外开放的要求。

“五个统筹”是总结我国社会主义建设的历史经验,特别是针对我国经济社会发展面临的突出矛盾和问题而提出来的重大战略思想,丰富了我们党关于统筹兼顾的思想,是对现代化建设规律认识的深化,是我国社会主义现代化建设的重要指导方针,是贯彻落实科学发展观的切入点和现实途径。温家宝总理在2004年《政府工作报告》中说:“解决农业、农村和农民问题,是我们全部工作的重中之重。”我国是一个农业大国,解决好“三农”问题关乎我国社会经济发展的大计。自1978年以来,中央有11次的“一号文件”都是关于“三农”问题的,可见“三农”问题有多重要。

农业、农村和农民问题是关系经济社会发展全局和人民群众根本利益的重大问题。改革开放三十年来,大体上经历了两个大的阶段。第一阶段,从1978年农村改革开始至1984年,改革的重心在农村,改革主要是在农村内部进行。改革不仅推动了农村经济全面发展,农民生活不断改善,而且也为城市全面改革创造了条件,推动了城市改革的兴起。第二阶段,从1985年起,改革的重心逐步转移到城市。

从总体上来说,三十年的改革开放,使我国的经济快速发展,发生了翻天覆地的变化,综合国力有很大提高,人民生活不断改善,社会稳定。但是,从两个阶段的发展变化来看,城乡之间、区域之间、城乡居民内部之间等,虽然都有很大发展和提高,但两个阶段却出现了迥然不同的结果,它们之间的差距不是缩小了,而是在不断扩大,出现了一些新的不平衡。城乡居民人均收入差距在波动中不断扩大;封闭的城乡二元经济结构,大批农村富余劳动力滞留农村,不能充分就业;农民种粮积极性下降,国家的粮食安全受到严重威胁;财政支农资金偏低和信贷资金的短缺,因而导致农村发展和农民增收缓慢,农民的购买力低下,中国的农村大市场只能是一个潜在的大市场,而不是一个现实的大市场。“三农”问题解决不好,对我国整个社会主义市场体系的建设是不利的,全面建设小康社会是不可能的。

全面建设小康社会和实现社会主义现代化,难点不是在城市而是在农村。新阶段的经济体制改革，不仅要着眼于城市，而且要着眼于农村，着眼于促进城乡协调发展，这是促进社会稳定和整个国民经济持续、协调发展的基础。城乡发展不协调，城乡二元经济结构严重影响社会稳定和国民经济的持续、协调发展。因此，必须对农村发展和农民问题给予更大的关注。统筹城乡发展，重要的就是要突破城乡二元经济结构，加快推进农业产业化、农村城镇化和农民市民化。统筹搞好产业规划，以工业化支撑城镇化，以城镇化提升工业化，加快工业化和城镇化进程，促进农村剩余劳动力向二、三产业转移，农村人口向城镇集聚。实现全面建设小康社会的宏伟目标，最繁重、最艰巨的任务在农村。没有广大农民的小康，就没有全国人民的小康；没有农村的现代化，就没有全国的现代化。我们一定要把全面建设小康社会的工作重点放在农村，一定要把解决“三农”问题作为全党工作的重中之重。

解决好农业、农村、农民问题，事关全面建设小康社会大局，必须始终作为全党工作的重中之重。要加强农业基础地位，走中国特色农业现代化道路，建立以工促农、以城带乡长效机制，形成城乡经济社会发展一体化新格局。坚持把发展现代农业、繁荣农村经济作为首要任务，加强农村基础设施建设，健全农村市场和农业服务体系。加大支农惠农政策力度，严格保护耕地，增加农业投入，促进农业科技进步，增强农业综合生产能力，确保国家粮食安全。以促进农民增收为核心，发展乡镇企业，壮大县域经济，多渠道转移农民就业。提高扶贫开发水平。坚持农村基本经营制度。培育有文化、懂技术、会经营的新型农民，发挥亿万农民建设新农村的主体作用。

31.新时期惠农、支农的政策主要包括哪些内容？

支农惠农政策指政府为了支持农业的发展、提高农民的经济收入和生活水平、推动农村的可持续发展而对农业、农民和农村给予的政策倾斜和优惠。我国政府自2000年以来提出了一系列支农惠农政策，主要有以下几项：

(1)制订一系列有效的、切实可行的政策措施:①继续加大“两减免、三补贴”等政策实施力度。减免农业税、取消除烟叶以外的农业特产税;对种粮农民实行直接补贴,对部分地区农民实行良种补贴和农机具购置补贴。②继续对短缺的重点粮食品种在主产区实行最低收购价政策,逐步建立和完善稳定粮食市场价格、保护种粮农民利益的制度和机制。搞好农业生产资料供应和市场管理,继续实行化肥出厂限价政策,通过税收等手段合理调节化肥进出口,控制农资价格过快上涨,严厉打击制售假冒伪劣农业生产资料等各种坑农害农行为。③切实加强对粮食主产区的支持。为调动地方政府发展粮食生产的积极性,缓解中西部地区特别是粮食主产区县乡的财政困难,中央财政要采取有效措施,根据粮食播种面积、产量和商品量等因素,对粮食主产县通过转移支付给予奖励和补助。建立粮食主产区与主销区之间的利益协调机制,调整中央财政对粮食风险基金的补助比例,并通过其他经济手段筹集一定资金,支持粮食主产区加强生产能力建设。

(2)继续加大农田水利和农村基础设施建设的投入力度。建立稳定增长的支农资金渠道,要下决心调整国民收入分配结构,在稳定现有各项农业投入的基础上,新增财政支出和固定资产投资要切实向农业、农村、农民倾斜,逐步建立稳定的农业投入增长机制。

(3)继续推进农业和农村经济结构调整,加速农业市场化和现代化进程:①进一步抓好粮食生产。要坚持立足国内实现粮食基本自给的方针,以市场需求为导向,改善品种结构,优化区域布局,着力提高单产,努力保持粮食供求总量大体平衡。②要发挥区域比较优势,建设农产品产业带,发展特色农业。加大对特色农产品的保护力度,加快推行原产地等标识制度,维护原产地生产经营者的合法权益。整合特色农产品品牌,支持做大做强名牌产品。提高农产品国际竞争力,促进优势农产品出口,扩大农业对外开放。③增强农业综合生产能力必须培育发达的畜牧业。牧区要加快推行围栏放牧、轮牧休牧等生产方式,搞好饲草料地建设,改良牲畜品种,进一步减轻草场过牧的压力。农区要充分发挥作物秸秆和劳动力资源丰富的优势,积极发展节粮型畜牧业,提高规模化、集约化饲养水平。④重点支持粮食主产区发展农产品加工业。大力扶持食品加工业特别是粮食主产区以粮食为主要原料的加工业。粮食主产区要立足本地优势,以发展农产品加工业为突破口,走新型工业化道路,促进农业增效、农民增收和地区经济发展。采取财政贴息等方式,支持粮食主产区农产品加工企业进行技术引进和技术改造,建设仓储设施。⑤继续加大对多种所有制、多种经营形式的农业产业化龙头企业的支持力度。鼓励龙头企业以多种利益联结方式,带动基地和农户发展。支持农民专业合作组织发展,对专业合作组织及其所办加工、流通实体适当减免有关税费。集体经济组织要增强实力,搞好服务,同其他专业合作组织一起发挥联结龙头企业和农户的桥梁和纽带作用。乡镇企业要加快结构调整、技术进步和体制创新,积极参与农业产业化经营。

(4)加强农田水利和生态建设,提高农业抗御自然灾害的能力。加快实施以节水改造为中心的大型灌区续建配套。新增固定资产投资要把大型灌区续建配套作为重点,并不断加大投入力度,着力搞好田间工程建设,更新改造老化机电设备,完善灌排体系。狠抓小型农田水利建设。重点建设田间灌排工程、小型灌区、非灌区抗旱水源工程。加大粮食主产区中低产田盐碱和渍害治理力度。坚持不懈搞好生态重点工程建设。继续实施天然林保护等工程,完善相关政策。退耕还林工作要科学规划,突出重点,注重实效,稳步推进。

(5)疏通农村富余劳动力和农村人口转移的渠道,为此有关部门制订了一系列推进多渠道转移农村富余劳动力的政策措施。全面开展农民职业技能培训工作,要结合农业结构调整、发展特色农业和生产实际的需要,开展针对性强、务实有效、通俗易懂的农业科技培训。农村中学也要加强农业先进实用技术教育。广泛调动社会各方面力量参与农民职业技能培训的积极性。

(6)加强和改善党对农村工作的领导。坚持把解决好"三农"问题作为全党工作的重中之重,这是推进工业化、城镇化和现代化历史进程中必须长期坚持的一个重大方针。全党同志特别是各级领导干部要深刻认识“三农”工作的长期性、复杂性和艰巨性。在当前粮食增产、农民增收的好形势下，要始终保持清醒认识，对农业和农村工作不能有丝毫松懈。加大农村党员干部的教育培训力度，扩大农村党员干部远程教育试点，增强他们为民服务、廉洁自律的意识，转变作风，提高执行政策、依法办事、发展经济、维护稳定的能力，树立基层干部的良好形象。

32.什么是“两免一补”政策？

“两免一补”是对农村义务教育阶段家庭经济困难学生免费提供教科书、免杂费并补助寄宿生生活费的一项政策。2003 年，《国务院关于进一步加强农村教育工作的决定》（国发[2003]19 号）提出，要建立健全资助家庭经济困难学生就学制度，争取到 2007 年全国农村义务教育阶段家庭经济困难学生都能享受到“两免一补”（免杂费、免书本费、补助寄宿生生活费），努力做到不让学生因家庭经济困难而失学。为贯彻国家从 2004 年秋季新学期开始，再次大幅度增加中央财政专向资金，将免费教科书发放范围扩大到中西部农村义务教育阶段全部的家庭经济困难学生，同时推动地方政府逐步落实免杂费和补助寄宿生生活费的责任，争取 2005 年基本对中西部农场 400 万义务教育阶段贫困学生实行免杂费、免书本费、补助寄宿生生活费的“两免一补”目标。2005 年，“两免一补”首先在全国 592 个国家扶贫开发工作重点县开始实施。当年，国家和地方政府共投入 70 多亿元，使 3400 多万名贫困家庭学生从中受益。

“两免一补” 的对象是农村地区义务教育阶段贫困家庭学生，同时还有城市居民享受最低生活保障政策家庭的接受义务教育的学生，包括人均年收入低于国家贫困线家庭的学生、父母患重大疾病丧失劳动能力的贫困生、单亲家庭经济困难学生、因突发事件导致家庭贫困的子女等。对农村义务教育阶段贫困家庭学生实行“两免一补”政策，是党中央、国务院践行“三个代表”重要思想和执政为民的具体体现，是解决“三农”问题的重大举措，是促进农村义务教育持续健康发展的措施。“两免一补”政策体现了党中央、国务院对农村义务教育的高度重视和对农村困难群体的亲切关怀，认真落实好这项政策，对于促进农村税费改革，减轻农民负担，加快贫困地区脱贫致富步伐，巩固农村义务教育“以县为主”的管理体制，加快农村义务教育事业的发展，具有十分重要的意义。

33.如何认识“三农”社会保护政策的东亚经验？

在用社会保护的视角推进“三农”发展方面，东亚具有完全不同于西方国家的独特经验，而且，取得了令世界瞩目的成就。不仅仅韩国的新村运动，日本的农业协同组合、台湾地区的农业协会都有上百年的历史和成套规范。三地的经验集中到一点，都是先由政府立法推进农民组织的构建，继而政府与农民组织长期合作，以农民组织作为中介，形成政府—农民组织—分散的小农户的协作链，将小农户带进现代化。这些实践，正在成为全球“三农”领域内的发展研究、新公共管理与政府治理研究的一个重要的视角。三地的实践各有不同，本源却相同，即均参照了西方农业社会转向工业社会时期的社会政策，以社会立法的方式建立新的农民的社会组织，政府与之合作，从而将小农户带入大社会。

首先，通过社会立法方式颁发“三农”的社会保护政策。社会立法是针对带有方向性的宏观社会问题，将解决方案以法律的形式固定下来以保障执行。19世纪下半叶欧洲国家英、法、德先后颁发了产业组合法，农业、渔业作为产业均形成了社会组织。1900年，日本率先模仿德国的产业经济组合法设立了日本产业组合法。1910年，日本成立了产业组合中央会，政府官员与海外归来的留学生合组讲演团到各地农村巡回宣讲，发动基层农民，依法组成综合农业协同组合（农协）。到1940年，2000多个市町村已经建立了15000个综合农协法人，而且，遍布全日本的165个医院，300多个诊所都由综合农协投资兴办。日、韩、台三地关于农协立法的共性，是将农村、农业、农民作为一个整体实施社会保护的。

其次,实施"三农"社会保护政策的结果。日本在战后50年间,成功地走向工业社会,农业人口从近四成下降到4%左右。韩国和中国台湾地区也在近30年完成了工业化,农业人口下降到3%左右。除了全球性的经济增长环境这个大因素外,不能不说是三地实施同类的"三农"社会保护政策的结果。"三农"社会保护政策的直接效益,一是形成了系统化、制度化的农协组织体系,二是提升了农民自主治理能力,三是形成了一份巨大的农协公共资产。

再次,政府对农民合作组织的支持。日、韩、台均在财政上予以农民组织一定支持。始于1970年的韩国新村运动,政府通过农会组织向农民无偿提供水泥和钢筋,由农会组织农民自行开展修房修路和改水美化的工作。日本中央政府对日本农协实施定额补助金制度。除中央政府外,地方政府为了推动当地的公益事业,也通过农协这个最大的非营利组织给予公共投资的支持。在2003年,日本各级政府支持农协的设备设施更新等费用达到2兆日元,大约是农协设备自我更新费用的10%~20%。难怪日本人说,农协是除政府外日本最大的公共资产拥有者,相当于一个巨大的非营利公司。

事实证明,日、韩、台通过立法推动农民合作组织,以提高农民经济地位、社会地位和政治地位的方式,缩小社会转型时期的农村社会的震荡,用政府扶助的农民自主化促进农业产业化和农村现代化,从而完成了在小农户基础上的现代化改造,是一个将高度分散的小农户带入现代化的战略性社会政策。为了完成建设中国新农村的历史任务,我们有必要借鉴东亚"三农"社会保护政策,探索以小农社会化促进"三农"现代化的新发展理论,以适应中国农村现代化的需要。

34.如何认识"撤乡并镇"的背景和相关政策依据?

根据《中华人民共和国宪法》规定,中华人民共和国的行政区域划分如下:(1)全国分为省、自治区、直辖市;(2)省、自治区分为自治州、县、自治县、市;(3)县、自治县分为乡、民族乡、镇。直辖市和较大的市分为区、县。我国现在是五级政府:中央、省、市、县、乡(镇),和西方发达国家大多通行的三级政府(以美国为例:联邦政府、州立政府、地方政府)明显不同。

根据国内外的资料,从城镇的人口分布、资源状况、经济效益、社会效益、环保条件等因素考虑,小城镇适宜的镇域人口一般应在五万人以上。而我国大部分乡镇只在两万人左右,这就导致很多问题的产生。有些地区的乡(镇)被誉为“麻雀乡”,也就是说“麻雀虽小,五脏俱全”。有些地区的乡(镇)人口也就是一万,但职能部门齐全,一般都有七站八所,甚至十站十所。据悉,一个乡财政供养人数高达三四百人,最多的到了一千人。有官就得盖办公楼办公,有官就得盖宿舍楼,有官就得购置办公用品,有官就得发薪水等。仅靠微薄的财政收入已满足不了官的吃住行。乱摊派、乱收费也就滋长蔓延了。乡镇冗员现象极其严重,给农民增加了很多负担。乡镇数量过多,规模偏小,聚集效益差,难以形成较强的区域经济中心,严重制约了城镇化进程。乡镇过多使财政供养人员总量多与财力、人力分散的矛盾突出,“吃饭财政”更加明显,难以集中力量办事业。乡镇过多使干部配备难以优化,乡镇领导班子后继乏人的问题日益突出,行政效率难以提高,难以形成强有力的基层政权。

乡镇政府冗员多,农民负担重,是我国“三农”问题中的突出问题。中国政府在深化税费改革从根本上堵住增加农民负担源头的同时,还通过撤乡并镇来减轻农民负担。乡镇是中国最低一级的行政权力机构。乡镇内机构林立、机构内人满为患的状况,给农民造成了不小的负担。在深入调查研究的基础上,着眼于乡镇经济和小城镇的长远发展,在充分考虑自然地理条件、经济社会发展水平、城镇建设、行政管理以及历史沿革和群众生产生活习惯、意愿等方面因素并广泛征求各方面意见的基础上,制定科学合理的乡镇行政区划调整撤并方案,使乡镇行政区划调整能适应当地经济社会发展的需要,并在较长时期内保持相对稳定。据此,国家“十五”计划纲要就明确提出,要“全面推行农村税费改革,转变乡镇政府职能,适当撤并乡镇,精简乡镇机构和人员,减少村组干部补贴人数,切实减轻农民负担”。《中共中央关于促进农民增加收入若干政策意见》指出:“进一步精简乡镇机构和财政供养人员,积极稳妥地调整乡镇建制,有条件的可实行并村。”随着农村税费改革特别是全面免征农业税政策的实施,全国各地相继加大了乡镇行政区划调整工作力度。2006年底,全国乡镇总数为34675个,比上年减少798个,比2003年减少3615个,比1999年减少11048个,比1987年减少38187个。

从目前来看,其基本成效仍然是值得肯定的,主要体现在:(1)乡镇总数的减少必然带来干部减少、财政支出减少。(2)从根本上杜绝了相对狭小区域的重复建设。一是杜绝了基层政权机构的重复,原来只要有一级政权组织,就有四套班子和七站八所等机构,人员、经费、阵地等配备齐全;二是杜绝了公共服务设施建设的重复,学校、医院、市场等无一不是对于本就局促的资金的巨大消耗,“普九”的包袱到现在也未完全消化,而许多的乡村学校已然闲置、卫生院病源严重不足等矛盾愈发凸显,而基于行政划分的公共配套服务设施又是必然建设项目时,矛盾便叠加起来;三是杜绝了发展布局的重复,诸多乡镇都要创造最优秀的成绩、力争拿出最出彩的政绩,于是若干雷同的产业园、大市场、大基地层出不穷,不论结果如何,只要能够社会效应轰动、领导视察激动、官阶位置变动就行。所以一旦某个政权组织消失,这一切也就不复存在。(3)撤乡并镇并村增加了居民居住的集中度,提高了基础设施利用的效益,有利于改善生态环境。农民居住集中度提高以后,一些现代基础设施的建设和利用效率可以提高,上下水、道路和能源供应可以按现代方式提供,农民的生活质量可以提高。

35.如何认识农村中小学“撤点并校”的背景和相关政策依据?

所谓“撤点并校”,是我国近些年来农村教育的一项重要的改革措施,其核心是农村中学阶段以县为主,小学阶段以镇为主,按照这个思路,以前农村那种村村有完小的局面被重新布局调整,相当一部分地处偏远、学生数量少、教学质量无法保障的村小学或教学点被撤并。该项政策的主要依据是城镇化的快速发展和农村县镇教学软件和硬件的质量相对较高，同时还可以让农村的孩子提早走出深山接触到现代社会。

随着国家对农村基础教育的不断加强，教育体制改革的不断深化，义务教育面临着新的机遇和挑战。从办学体制上看，农村小学传统的“村村办学”的格局将难以适应新的形势发展需要。村小布点分散，班额小，教育资源浪费严重。近年，政府投入大量经费，增加学校仪器等配套设施，很多学校都得到一样的量。村小教师素质参差不齐，教育质量令人堪忧。由于农村学校布点分散，小班额班级比例大，造成了农村师资力量的分散配置，一人一班甚至一人一校的现象还常见到。加上目前农村小学师资力量薄弱，一些学历偏低和老龄教师对新的课程标准、新的课改要求不适应，严重影响农村小学教育教学质量的全面提高。教育经费紧缺，软硬件设施差。虽然国家每年按生均下拨给学校公用经费，但这些资金少，效益难以发挥，仅能维持学校的正常运转。学校点多面广，其危房改造、校产修缮、教学及生活设施添置等每年都要投入大量资金，由于僧多粥少、资金分散后，根本解决不了实际问题，无疑增加了教育成本，加重了政府和农民的负担。科学合理调整中小学布局，整合教育资源，实行集中办学、寄宿式办学，已成为突破农村基础教育瓶颈，全面提高基础教育质量的必行之路。通过集中办学，将生源少、效益低的学校撤销合并，农村学校初步实现规模办学，基本能满足农村少年儿童接受九年义务教育。

36.纪宝成教授为什么要提出“提倡生一个，允许生两个，杜绝生三个，奖励不生育”的生育政策建议？

面对我国日益严峻的老龄化及性别比失调的现状，2009 年全国人大代表、中国人民大学校长纪宝成呼吁尽快调整和完善计划生育政策。他建议将目前的“一孩化”政策逐步转变为“提倡生一个，允许生两个，杜绝生三个”，并要奖励不生育夫妇。

纪宝成指出，结构性问题在 20 世纪 80 年代初就存在，但实际影响并不大。政策实施近 30 年来，结构性问题越来越明显，已经上升成为主要矛盾。第一个结构性问题是出生人口性别比严重偏离正常值。这个问题在 1982 年就已经初露端倪，达到 108.5，2000 年是 117，现在更是达到了 120.56。生 120 个男孩子，对应 100 个女孩子，这样长时间、大幅度偏离正常值，人类历史上从来没有过——至少有记载的历史没有过。第二个问题就是老龄化。老龄化意味着寿命延长，是社会进步的表现。但是由于我国低生育政策的加速作用，发达国家一两百年才步入老龄化社会，我们只用了三十年，太快了，未富已经先老，很多制度包括社会保障都跟不上。据纪宝成介绍，我国 65 岁以上老年人占全国人口数已经从 1982 年的 4.9%上升到 2005 年的 7.63%。如果继续维持现行的计划生育政策，在未来 60 年内，老年人口比例将持续上升，到 2020 年达到 13.7%，2026 年将达到 28.4%，这将远远高于目前老年化最高的发达国家。部分农村人口老龄化情况现在实际上已经超过城市。在依靠家庭养老的广大农村，这个问题将更加突出，会对国家和家庭造成难以承受的负担。

纪宝成同时提出，如果长时间推行一孩化政策，将使得我国维护国家安全的难度增大，而且还将造成独生子女教育难等民生问题。“目前全国独生子女累计超过 8000 万人，很多独生子女家庭过于溺爱，造成独生子女在性格养成、人格培养方面出现偏差，在这种情况下，不利于高素质人才的形成”。纪宝成认为：“我们的生育政策调整已经到了异常紧迫、刻不容缓的时候，因为人口问题具有长期性、滞后性的特点，必须尽早着手，以免贻误时机。人口政策是国家最大的公共政策之一。公共政策最起码的一条，就是要因时而异、与时俱进。要根据实际情况，考虑到变化了的形势，来决定工作方向。应当肯定，从 20 世纪 80 年代开始实施的计划生育政策，在当时数量问题是主要矛盾的情况下，也是没有办法的办法，非如此不可。但是到了今天，当时的计划生育政策已经执行了近三十年。从 1992 年以来，我国的生育率低于实现人类世代交替所需的更替水平（平均每对夫妇生育 2.1 个孩子）已经长达 17 年。现在，一对夫妇一生平均只生育 1.6 个孩子,每年人口净增长不足700万。我不认为数量问题还是最主要的矛盾。相反,结构问题已经上升成了主要矛盾。中国的人口政策面临重大的历史性抉择。如果我们还按照20世纪80年代的做法,还执行数量问题是主要矛盾时的政策,恐怕就有问题了。从大的方面讲,人口问题攸关国运,是可持续发展的最核心问题,从小的方面讲,关系到家庭和谐,生活幸福。现在的生育政策,从汶川大地震中我们可以看到它的后果:独生子女家庭承担社会风险的能力是非常脆弱的。那么多家庭失去儿女,无法挽回。看起来是家庭的不幸,但是带来的问题是社会的。我们社会的发展,把家庭这个社会基本单位搞得那么脆弱干什么呢?”

纪宝成认为,独生子女政策是迫不得已的政策,绝不是一个理想的政策。只要条件改变的话,我们就要尽量改变,把负面影响去掉。从人类的繁衍昌盛、文明延续,从国家的发展战略、可持续发展,从家庭的和谐幸福,从任何角度看,只准生一个孩子,都不是一个好的政策。为此,纪宝成建议,要对独生子女政策进行系统的前瞻性研究,对计划生育政策进行调整。调整方向是——从“只生一个”的政策,逐步过渡为“提倡生一个,允许生两个,杜绝生三个,没有生育的应当给予奖励”。纪宝成说,该政策在20世纪70年代曾经实行过,实践证明这是可行的,是受群众欢迎的。目前我国的经济比30年前有了很大的发展,实行这样的政策,条件要成熟得多,效果也会好得多。如果这样的政策能够实施,全国平均每对夫妇生1.8个到2个左右的孩子,既可以消除现行政策的负面影响,又可以满足家庭和社会发展的需要。

37.什么是新医改方案中的“五多五少”?

(1)政府“多预防”,百姓“少得病”。中国长期以来存在着“重医轻防”的观念,老百姓也是病倒了才想着去医院检查,这不仅影响了人们的生活质量,而且增加了百姓和国家的疾病负担。面对看病就医问题突出的现实,中国亟须转变医学模式,坚持预防为主。《关于深化医药卫生体制改革的意见(征求意见稿)》中提出,健全城乡公共卫生服务体系,逐步扩大国家公共卫生服务项目范围,向城乡居民提供疾病防控、计划免疫、妇幼保健、健康教育等基本公共卫生服务。实施国家重大公共卫生专项,有效预防控制重大疾病。这意味着政府将担起加强疾病预防、保障人民健康的责任。正如卫生部部长陈竺所说:"对一个 13 亿人口的大国而言,群众的健康问题不能光靠打针吃药来解决,必须强调预防为主。"北京大学中国经济研究中心教授李玲指出,如果全民能均等享受基本公共卫生服务,那么老百姓的健康水平将得到提高,得病机会将减少,医疗负担也会相应减少。

(2)政府"多保障",百姓"少担忧"。由于没有医疗保障、医药费用高,很长一段时间以来许多居民尤其是城乡贫困居民"有病不敢医",因为一个人生病往往全家都被拖垮。为了减少老百姓的担忧,让老百姓病有所医,我国正加快建设覆盖城乡居民的基本医疗保障体系。《关于深化医药卫生体制改革的意见(征求意见稿)》提出,近期力争实现城镇职工基本医疗保险、城镇居民基本医疗保险和新型农村合作医疗参保(合)率达到 90%以上,并逐步提高筹资和保障水平。医疗保障多了,群众看病的担忧就少了。清华大学经济管理学院经济系主任白重恩认为,建设覆盖全民的医疗保障体系是医改最重要的内容,抓住了解决群众当前看病就医难题的症结。2009 年城镇职工基本医疗保险参保人数已达 1.94 亿人,新农合制度已覆盖全国农村地区 90%以上的人口,城镇居民基本医疗保险试点也已在 200 多个城市推开。城乡医疗救助制度也基本建立。

(3)政府"多监管",百姓"少花钱"。得不起病,吃不起药,"看病贵"成为老百姓反映最突出的问题之一。这与药品生产、销售和使用环节的混乱、与医药领域的腐败有密切关系。《关于深化医药卫生体制改革的意见(征求意见稿)》中建立国家基本药物制度的举措有望给这种局面带来转机。该意见稿提出,基本药物由国家实行招标定点生产或集中采购,直接配送,减少中间环节。规范基本药物的生产和配送,基层医疗卫生机构基本药物直接配送覆盖面力争达到 80%。合理确定基本药物的价格,减轻群众基本用药费用负担。华北制药股份有限公司董事长张千兵指出，基本药物制度是世界上比较普遍的形式，这对降低药价，保障基本药物的供应有重要作用。但是基本药物目录如何制定、如何管理等细节有待进一步落实。

(4)医疗“多网点”，患者“少跑腿”。缺少人才、缺少设备、缺少房屋，因为医疗卫生资源的缺乏，中国一些贫困地区、边远山区的老百姓只能“跋山涉水”地求医问诊。“农村居民小病不出乡，城市居民享有便捷有效的社区卫生服务。”针对老百姓看病难问题，《关于深化医药卫生体制改革的意见(征求意见稿)》勾画了一个令人欣喜的前景。该意见稿还提出，加快农村乡镇卫生院、村卫生室和城市社区卫生服务机构建设，实现基层医疗卫生服务网络的全面覆盖，加强基层医疗卫生人才队伍建设，着力提高基层医疗卫生机构服务水平和质量。

(5)医院“多便捷”，患者“少麻烦”。挂号时间长，候诊时间长，交费买药时间长，诊断时间短，这是全国大医院目前存在的普遍现象。《关于深化医药卫生体制改革的意见(征求意见稿)》要求，要探索建立比较规范的公立医院管理体制和运行机制，改进医院内部管理，优化服务流程，规范诊疗行为，明显缩短病人等候时间，实现检查结果互认。公立医院的改革是近期医改的重点。努力让百姓更加方便快捷地看病就医，也是《关于深化医药卫生体制改革的意见（征求意见稿)》中比较明显的信号。

38.如何打造稳固的县乡村医疗网?

为全面改善农村医疗卫生基础设施条件，全面提高农村医疗卫生服务能力和水平，以县级卫生机构为龙头、乡镇卫生院为中心、村卫生所为基础的农村三级医疗卫生服务网络的构建具有深远意义。

一是加强县、乡、村三级医疗卫生服务体系建设，充分利用中央补助资金和省级财政及市、县、区级财政投入，尽快完成县级医院和乡镇卫生院房屋基础设施改造建设任务。二是要加快村卫生所建设进程。村卫生所的设施，原则上每个行政村设立一个，乡镇卫生院所在地不再设村卫生所。三是要提高医疗设备装备水平。乡镇卫生院和村卫生所的基本设备,除中央、省财政配置外,市财政按实际需要填平补齐。要按照“一乡(镇)一院”原则设立公办卫生院。撤并的乡镇卫生院,要在妥善安置人员和确保国有资产不流失的前提下,实行资源重组,变现资金继续用于当地农村卫生事业发展。要明确县、乡、村医疗卫生机构职能。县级卫生机构主要承担农村预防保健、基本医疗、基层转诊、急救以及基层卫生人员的培训及业务指导职责。乡镇卫生院以公共卫生服务为主,综合提供预防、保健和基本医疗等服务,不得向医院模式发展。村卫生所承担预防保健任务,提供常见疾病的初级诊治。

在试点基础上,建成农村医疗救助体系。对农村五保户、特困户、残疾人、优抚对象中的贫困户、独生子女领证户和二女结扎户中的贫困户、因重大疾病造成家庭生活特别困难的六类人员实行重点医疗救助,并帮助其参加新型农村合作医疗。按照省级教育和卫生行政部门“医疗卫生大中专毕业生进农村计划”,充实农村基层医疗队伍。进一步做好学历教育和在职人员培训及继续医学教育,全面提高农村医疗卫生人员素质。实行乡镇卫生院人员工资由县财政全额供给。县财政确有困难的,在争取省财政支持的同时,市财政给予相应的补助。

39.如何认识“以承包土地换社保”?

城市化是现代化的一个重要表征,也是社会发展的必然趋势。城市化不仅意味着城市人口的增加,而且意味着城市面积的扩大,其必然的后果是产生大量失地农民:一方面他们失去了赖以生存的土地,另一方面又无法快速融入城市的体系之中。如何解决好失地农民问题特别是其保障问题,近年来,部分地区进行了新的尝试——“土地换社保”。

以土地换社保的做法最早在长江三角洲一带出现。早在1993年,浙江省就为失地农民购买保险,变一次性的土地补偿为终生保障。目前,这一做法已经向其他地区不断扩散。据不完全统计,当前实施(或试点)这一政策的有吉林、辽宁、上海、江苏、浙江、福建、广东、海南、四川、重庆、陕西等省(直辖市)。随着工业化和城市化水平的提升,土地流转形式的创新也在不断深化,近期,成都市试行的“三保障、两放弃”的土地流转模式引起关注,有望在更多的地区得到推广。所谓“两放弃”,是指农民自愿放弃土地承包经营权和宅基地使用权;以此为条件,农民可以变为市民,享有就业、居住和其他公共服务等三个方面的保障。

这种模式的实质,可以用一个更为人熟知的概念来简单概括——“土地换社保”。“土地换社保”,主要有两种做法:一是只提供社保(包括上社会保险、就业培训等)。这种措施相当于确定征地补偿款之后,分期付款给农民。二是征地补偿加社保。也就是说,被征地农民,除了得到一笔补偿款之外,还得到社会保险等项的安置。第一种“土地换社保”做法,相当于“低保”,给农民支付的保险金加起来远远低于本应该支付给农民的征地补偿费。

早期“土地换社保”政策大多只解决失地农民养老保险问题,资金多来源于安置补助费和土地补偿款。各地的政策一般规定,农户的土地被征用后,必须参加“土地换社保”,以土地换得社会保险——主要是养老保险,但养老金的标准一般低于城镇职工养老保险的标准,退休后领取的养老保险金为100~400元/月。各地政策中大都规定社保资金的来源主要是土地征收后原应直接分给农民或集体经济组织的安置补助费和土地补偿款,由政府所出份额一般约占参加社保所需资金的10%~30%。基金的发放管理及增值管理没有明确。各地的政策一般大体将失地农民划分为4个年龄段:对未成年人实行一次性补偿;对成年但未接近退休年龄者则先发放2~3年的基本生活补助,达到退休年龄后领取养老保险;对成年且接近退休年龄者先发放基本生活补助,到退休年龄后领取养老保险;对达到退休年龄的人员则直接发放养老保险。成都市温江区实施的“土地换社保”政策又被称为“双放弃”政策,即温江区各镇(街)辖区内主要收入来源为非农产业,自愿放弃土地承包经营权和宅基地使用权,经审批同意后进入城镇自主购房或按政府规划要求进入集中居住区居住的农民,可以享受与城镇职工同等的社保待遇。

总之,"土地换社保"只是解决失地农民问题的一种手段,决不可演变为使农民失地的一种手段，也就是说政府的出发点必须是为了解决因为城市建设不得不失去土地的农民的社会保障问题，而不是为了获得土地,而使用社会保障作为诱饵让农民放弃土地,这是衡量"土地换社保"政策是一个好政策还是一个坏政策的关键区分点。"土地换社保"是解决失地农民问题的一个新尝试,但它并不能完全解决这一问题,实施还需慎重,失地农民问题的解决还有待继续进行制度创新。

40.什么是"三位一体"的社会保障网络?

"三位一体"的社保制度体系,即通过以促进失地农民就业和发展村集体经济为主线,以货币保障、就业保障、留地保障为抓手进一步解决失地农民社会保障目标。其主要内容是:

(1)货币保障制度。从更为科学、合理、公平的角度来说,现行的失地农民补偿方案至少还有两处有待进一步优化:要适时认真研究、合理划分国家、农村集体、农民个人三者利益的分配比例,将农村集体、农民个人应得的部分土地收益返还给农民。集体经济比较强大的村组可以要求其将征地补偿用于公益事业的发展，而相对弱势的村组则应允许其首先用于开发"留地"经济,待逐渐壮大后反哺社区公益事业。至于历史遗留下来的被征地农民生活问题,理应由政府协调解决。

(2)就业保障制度。①相关部门要为失地农民提供职业介绍场所,定期或不定期举办失地农民招聘专场,畅通择业信息。②鼓励用地单位和其他单位招用被征地农民,对用人单位聘用被征地农民,并签订一定期限合同的,给予补贴。补贴可采取直接补贴。③地方政府在招商引资、签订项目合同时,尽可能引入合作条款,要求对方聘用一定数量的被征地农民。④配合村集体"留地保障",开发适合中老年失地农民的就业岗位,优先保证其再就业。⑤开发社区工作岗位,用足用好政策。⑥通过税费优惠、小额担保贷款等扶持性措施,推动有条件的农民自谋职业、自主创业。

(3)留地保障制度。在土地和房产的处置过程中,为使集体经济组织有一定发展空间,可以按征地面积的10%~20%的比例安排留用地,以保证集体经济有稳定的收入来源用于农民的安置补偿和股份分红。在具体操作中尤应注意两点:①留地保障主要是"筑巢引凤"、"借鸡生蛋",但不是集体自己去当"凤"或"鸡",而是发展"房东"经济。②必须建立规范的、比较完善的集体经济股份合作制来实现致富于民、造福百姓的目的。

41.如何认识甘肃"一册明、一折统"发放惠农补贴的经验?

"一册明、一折统"实际上就是将国家给予农民的诸如粮食直补、农机具补贴等各种惠农补贴资金造成一个册子,农民看了明白,再通过一张折子,保证农民能够领到手中。这种发放模式是一种让补贴资金只经过"财政—银行—个人"封闭运行的模式,可以有效防止资金被截流、挤占、挪用和抵扣。同时这种发放方式还能简化和规范补贴资金发放程序,减少发放环节。

甘肃省政府在全省推行惠农财政补贴"一册明、一折统"发放管理工作,即政策一册明,资金一折统,此举将切实加强惠农财政补贴资金的发放管理,统一、规范和简化惠农财政补贴资金发放程序,减少中间环节,确保补贴资金及时足额发放到农民手中。通过"一册明、一折统"的发放办法,可以说是提高了乡镇干部服务群众的效率,也方便了群众,让老百姓对党的惠民政策得到更充分的享受。解除了广大农民的后顾之忧。从2009年2月1日起,甘肃省各县、市、区对中央和地方各级政府惠农政策规定直接发放给农民用于发展经济和保障生活的各类补贴和补助资金,就可以按照"一册明、一折统"发放管理制度规定,以"一册明"方式将补贴政策通知到户,以"一折统"方式将补贴资金发放到户。

42.什么是大学生"村官"计划?

大学生村官,是指筛选的专科以上学历应届或往届毕业生,担任村党支部书记助理、村主任助理或其他"两委"职务的工作者。

从20世纪90年代中期开始,大学生"村官"从无到有,到快速发展,经历了长时间的积累发展过程。

(1)自发探索阶段。1995年,为解决"三农"问题,江苏省率先开始招聘大学生担任农村基层干部。1999年,海南省推出大学生"村官"计划,定安、临高、东方等市县先后组织招聘大学生"村官"。同年,浙江省宁波市采用公开招考方式,成为全国第一个推行"一村一名大学生"计划的地区。这一时期,大学生"村官"人数较少,但形式多样,逐步打开了改革开放以来知识分子回流到农村的正式渠道,为后来发展积累了重要的实践基础。到2004年底,全国启动大学生"村官"计划的省、市、区发展到10个,主要分布在东、中部地区。大学生"村官"工作逐步进入到多省联动、以地区为单位的整体推进与探索阶段。

(2)全面试验阶段。2005年7月,中央办公厅、国务院办公厅下发《关于引导和鼓励高校毕业生面向基层就业的意见》,2006年2月,中央组织部、人事部、教育部等八部委下发通知,联合组织开展高校毕业生到农村基层从事支教、支农、支医和扶贫工作。此后,大学生"村官"工作进入大范围试验阶段。从2005年起,北京、四川、江西、福建、青海、辽宁、贵州、陕西、山西、安徽、上海、吉林、湖南、甘肃、宁夏、内蒙古、云南等省、市、区先后启动大学生"村官"计划。截至2008年2月底,全国共有28个省、市、区启动大学生"村官"计划,其中17个省、市、区启动了村村有大学生"村官"计划。

2008年3月,中央组织部会同教育部、财政部、人力资源和社会保障部召开选聘高校毕业生到村任职工作座谈会,部署选聘高校毕业生到村任职工作,大学生"村官"工作进入一个全面的发展时期。2008年4月,中央组织部、教育部等部门联合下发了《关于选聘高校毕业生到村任职工作的意见(试行)》的文件,决定在全国范围内开展选聘高校毕业生到村任职(简称“大学生村官”)的工作,从 2008 年开始,连续选聘 5 年。选聘数量为 10 万名,每年选聘 2 万名。而在此之前,已经有不少省、市、地区开展了“大学生村官”的选聘工作,如北京在 2006 年 3 月就开展了“村村有大学生”工程,明确提出要“力争用 3~5 年的时间,实现每个村、每个社区至少有 1 名高校毕业生”。开展选聘高校毕业生到村任职工作,对于加强农村基层组织建设,培养有知识、有文化的新农村建设带头人,对于培养具有坚定理想信念和奉献精神,对人民群众有深厚感情的党政干部后备人才,形成来自基层和生产一线的党政干部培养链,对于引导高校毕业生转变就业观念,面向基层就业创业,到经济社会发展最需要的地方施展才华,为建设社会主义新农村、实现全面建设小康社会宏伟目标提供人才支持和组织保证,具有重大而深远的战略意义。

43.什么是“农田托管”模式?

“农田托管”模式,即由农田托管公司把农村现有的农机专业户和有专长的农技、水电人员组织起来,成立相应的专业服务公司,凭借企业的科学化和规模化经营,不仅培育了社会化服务组织,让务工农民放心外出,另一方面也优化配置了农村生产要素,极大地提高了粮食的生产潜能,增加了农民种田收益。此外“农田托管”模式的成功也为中西部传统农区农业规模经营提供了思路,对化解当前粮食生产领域中出现的问题有着积极的借鉴意义。

“农田托管”模式在不改变农户承包经营自主权和种田收益前提下,实现了粮食规模化种植、专业化生产和社会化服务。农田托管的具体做法是,公司把农村现有的农机专业户和有专长的农技、水电人员组织起来,成立相应的专业服务队,聘请农业专家和农技人员当顾问,全面负责农作物从种、管、收到销售的全程式服务和保障。公司承诺:农田托管后,农民的土地经营自主权不变,对土地的投资方式和收益不变。公司主要在良种、翻耕、播种、施肥、化学除草、病虫害防治、灌溉和收获等环节,提供统一的低于市场价的社会化服务。农民自己想干的，就交给农民按公司提供的科学种田规程自己干；农民自己不想干的、无时间干的，可由公司代为管理，公司按实际服务收取费用，保证价格低于市场价。实行农田托管最大的好处是把“经验田”变成了“科学田”，这种模式有利于推广农业科学技术，有利于优化配置农村生产要素，有利于提高粮食生产潜能和增加农民种田收益。“农田托管”模式有利于实现农业规模化种植、专业化生产和社会化服务，为中西部传统农区农业规模经营提供了借鉴，有利于化解当前粮食生产领域中出现的突出问题。通过“农田托管”，可以解决中西部传统农田粮食生产最为突出的“兼业化”、“弱质化”问题。在中西部传统农区，虽然比较效益低下，但土地仍是农民的基础性收入，农民在种田和打工之间两头奔忙、两头不见利。农田托管这种做法，一方面可以培育社会化服务组织，让务工农民放心外出；另一方面也可以提升土地产能，是实现农业规模化和专业化的有益探索。“农田托管”后的专业化生产，有利于消除农民种田“口粮化”倾向。据农业部门问卷调查，目前农户把农田托给公司管理的意愿很强烈，如果能大面积推广，将大幅提高粮食生产潜能。

44.我国首家土地专业合作社是如何出现的？

2008 年 11 月 21 日，北京百合兴盛土地专业合作社成立，被称为京城首家农民“土地银行”。2008 年 10月召开的十七届三中全会提出，“按照依法自愿有偿原则，允许农民以转包、出租、互换、转让、股份合作等形式流转土地承包经营权”。土地使用权可以流转了，农民就想到了成立土地专业合作社，媒体把它称为“土地银行”。“土地银行”的运作方式是，农民自愿把土地共同存储到合作社里，合作社负责经营这些土地，农民获取相应的收益分红，土地又能实现规模化经营。2008 年 11 月 21 日，北京市平谷区洙水村召开了合作社设立大会，宣布设立“北京百合兴盛土地专业合作社”，并推选出法人代表王学永。12 月 5 日，合作社从平谷区工商分局领取了营业执照，正式成为北京第一家土地专业合作社，尝试土地承包经营权流转。

45.什么是“海选”?

“海选”是中国农民在村民自治中创造的一种直接选举方式,用四个字概括,就是“村官直选”。这种选举方式是吉林省梨树县梨树乡北老壕村在1986年换届选举时首创的,因而该县被称为“海选”故乡。现在,“海选”已不限于村委会选举了,“海选”也已用于非政权领域的选举。“海选”的原则、方法、程序已逐步趋于理性和成熟,选民充分享有选举权和被选举权,选举过程更公正和选民参与更广泛。海选已经被美国评为世界六大民主选举模式之一,各个国家都效仿过,很多外国人员参观了我国的海选过程后都赞叹不已。1998年11月4日,第九届全国人大常委会第五次会议通过了《中华人民共和国村民委员会组织法》,本法第十四条规定:“选举村民委员会,由本村有选举权的村民直接提名候选人。”从此,“海选”成了法定的选举办法。“海”让人想到大海,是量多的意思;“选”则是选择,挑选。“海选”顾名思义就是茫茫人海中挑选符合特定条件的那个人。“海”还有“极多”和“漫无边际”义,比喻不指定候选人,想选谁就可以提名谁。由选民直接提名、确定候选人进行选举,犹如从大海中捞取珍珠一样选择自己信任的人。所谓“海选”,意为不设门槛,人人有机会,谁都可以参加。海选的特点:人人平等,人人都可以参加海选进行比赛,海选的参与者能够在海选阶段展示自己的才华,从而得到晋级复赛的入场券。但也正因为如此,参加人数动辄数万,好比大海捞针,因此参加者想要脱颖而出更是难上加难。

46.什么是“小产权房”?

所谓“小产权房”,是指在农民集体土地上建设的房屋,未缴纳土地出让金等费用,其产权证不是由国家房管部门颁发,而是由乡政府或村政府颁发,所以叫做“乡产权房”,又叫“小产权房”。乡镇政府发证的所谓“小产权房”,实际上没有真正的产权。这种房没有国家发的土地使用证和预售许可证,购房合同房管局也不会给予备案。所谓产权证也不是真正合法有效的产权证。从价格看，“小产权房”要比普通商品房便宜，价格只有同样位置商品房价格的40%~60%；从住房形态看，是普通住宅；从建设手续看，属于旧村改造或者新村建设，没有市区规划、建委管理部门的批复管理，施工过程也没有监督检验。

“小产权房”并不是一个法律上的概念，它只是人们在社会实践中形成的一种约定俗成的称谓。“小产权房”是一些村集体组织或者开发商打着新农村建设等名义出售的、建筑在集体土地上的房屋或是由农民自行组织建造的“商品房”。目前的“小产权房”有两种：一种是在集体建设用地上建成的，即“宅基地”上建成的房子只属于该农村的集体所有者，连外村农民都不能够买；另一种是在集体企业用地或者占用耕地违法建设的。和一般意义上的商品房相比，“小产权房”没有土地出让金概念，也没有开发商疯狂的利润攫取，所以，“小产权房”的价格，一般仅是同地区商品房价格的三分之一甚至更低。这是大量城镇居民顶着产权风险购买“小产权房”的根本原因。

“小产权房”只要依法办理了相关审批手续，其就是合法建筑，法律是允许乡村集体在集体土地上建造住宅的。因此，并非只要是“小产权房”就是非法建筑，其只是因销售环节存在的一些问题和现行法律、法规发生冲突，才让人误认为是非法建筑。既然是合法的，那么“小产权房”是否可以购买和转让呢？根据《中华人民共和国土地管理法》第六十三条的规定，农民集体所有的土地的使用权不得出让、转让或者出租用于非农业建设。而农村宅基地属集体所有，村民对宅基地也只享有使用权，农民将房屋卖给城市居民的买卖行为不能受到法律的认可与保护，也就不能办理土地使用证、房产证、契税证等合法手续。由此可见，“小产权房”是不能向非本集体成员的第三人转让或出售的。但这并不是说“小产权房”就不能转让，而是说其转让或销售的对象是有限制的，只能在集体成员内部转让、置换。

47.如何认识“土地承包关系要保持稳定并长久不变”的政策含义？

以家庭承包经营为基础，统分结合的双层经营体制，是我国农村的基本经营制度，是农村经营体制改革创新的重要内容和主要成果。三十年来农村改革发展的实践证明，这一制度广大农民满意，适应传统农业，也适应现代农业，有利于推动农村生产力发展。改革开放以来，党在农村的一系列基本政策，都是在土地承包经营基础上形成的。因此，“以家庭承包经营为基础，统分结合的双层经营体制”实际上就是党的一系列农村政策的基石，必须毫不动摇地坚持。

稳定家庭承包经营，核心是稳定土地承包关系。农村改革确定家庭承包经营后，党中央一直强调要稳定土地承包关系，保障农民的土地承包权益。党的十七届三中全会通过的《中共中央关于推进农村改革发展若干重大问题的决定》再次重申：“以家庭承包经营为基础，统分结合的双层经营体制，是适应社会主义市场经济体制，符合农业生产特点的农村基本经营制度，是党的农村政策的基石，必须毫不动摇地坚持。赋予农民更加充分而有保障的土地承包经营权，现有土地承包关系要保持稳定并长久不变。”这是《中共中央关于推进农村改革发展若干重大问题的决定》的一大亮点，土地承包期由过去的 30 年不变，到“长久不变”，为完善农村基本经营制度指明了方向，也送给了农民一个长效“定心丸”。之所以特别强调稳定土地承包关系并保持“长久不变”，这是因为：(1)土地是农民最基本的生产资料。从政策和制度上保证土地承包关系的稳定，才能调动农民对增加土地投入的积极性，树立长期经营、持续发展的观念。如果土地承包关系不稳定，农民就会从自身利益出发，产生生产经营的短期行为，不重视对土地增加投入，还可能产生掠夺性经营行为，造成土壤肥力破坏，耕地质量下降。这样，土地的产出率和农业经营的经济效益就难以提高，以至于粮食安全也会受到影响。(2)土地是农民最可靠的社会保障。从我国的基本国情来看，尽管加快推进工业化、城镇化，加快推进农村劳动力转移就业，但在相当长的时期内，大多数农民都不会放弃承包的土地，种地仍然是农民谋生的首选之计，是最基本的生活保障。改革开放初期就进城务工经商的农民经历告诉我们，农民进城，从真正意义上变成市民，需要一两代人的努力。很显然土地作为农民基本的社会保障,还没有别的手段可以代替时,必须保持土地承包关系的稳定,这是稳定农民、稳定农村、稳定社会的客观需要。

土地承包关系要保持稳定并长久不变,这个"长久"到底是多长多久?这是农民群众最关心的问题。农村改革实行家庭承包经营,第一轮土地承包期是15年;第二轮土地承包期是在第一轮土地承包到期后再延长30年不变,并且强调30年以后也没有必要再变。在第二轮承包期30年不变的基础上,党的十七届三中全会《中共中央关于推进农村改革发展若干重大问题的决定》明确"土地承包关系要保持稳定并长久不变",这里所讲的"长久不变",是定性的概念,着重强调很长时间不会变,不是定量的时间概念、时间界限。就是说只有当经济社会发展到一定阶段、一定水平,农民不再依赖土地,不再把土地作为生产、生活资料,不再需要以土地承包经营制度来维护自身权益时,才会由新的更好的土地制度来取代,在这之前是不会变的。

48.如何认识城镇"反哺"农村的政策含义?

我国的经济发展已经进入了以工促农、以城带乡的发展阶段。因而农业支持工业、农村支持城市的路径必将被工业支持农业、城市反哺农村的趋势所取代。如果没有这一根本改变,不仅"三农"问题不能得到解决,而且在工业化中期进行的经济转型也不能够顺利完成,将贻误我国经济发展的良机。积极顺应以工促农、以城带乡的发展大趋势,必将促进我国国民经济的协调快速发展。我们知道,发展经济必须提高国内有效需求,而国内最大的潜在市场在农村。目前城乡间的需求和消费层次已经拉开。城市居民对彩电、洗衣机、冰箱的需求已接近饱和,开始购买住房、汽车等更高层面的消费品。农民消费的重点则是盖房、购买家电和家具。如果农民的收入进一步提高,农民的消费恰恰可以填补城市居民消费升级留下的空白,将继续拉动我国经济的快速发展。

以工促农、以城带乡阶段强调政策上工业和城市支持农业和农村,但并不意味着不重视工业和城市的发展,相反,改变城乡二元经济结构、实现现代化的根本途径在于工业化和城市化。不论是农民实现全面小康还是城市居民提高生活质量，离开工业化和城市化，都是无稽之谈。工业和城市只有快速发展，才有能力支持农业和农村的发展。新中国成立六十年来，农村不仅向工业建设和城市发展提供了巨大的劳动积累和资本积累，还提供了大量用于城市扩张的土地。从这个意义上说，是中国农民自己的创造，才使我们积累了巨大的社会财富。我们必须感谢中国农民，必须给他们以回报，必须引领他们与中国城市居民一起迈入中国发展的主流。

“十一五”规划是以胡锦涛同志为总书记的党中央提出科学发展观和构建社会主义和谐社会的重大战略思想后编制的第一个五年规划。该规划不仅举国关注，也引起了国际社会和西方媒体的极大关注。管理科学中有一个“木桶理论”，要增大木桶的容量，最有效的办法是加高桶壁上的短板。“十一五”期间，政府将从宏观政策上调整国民收入分配制度和国家财政支出结构，建立对农业的支持和保护体系，让公共服务惠及农民。政府新增财力将重点投向农村、农业和农民，而且增长幅度还会大大高于财政经常性收入的增长幅度。要实行工业反哺农业、城市支持农村的方针。一方面要加快推进城市化，转移农业劳动力和农村人口，提高农业的集约化水平和劳动生产率；另一方面要规划建设好农村的水、电、路等基础设施和教育、卫生、文化等社会事业，加快改善农村面貌，促进城乡同步发展。

城市反哺农村、工业反哺农业，是社会发展到某个阶段必然要做的事，是一个社会的发展规律。这种反哺不是“劫城济乡”，从某种意义上讲恰是“物归原主”。如果违背规律，该反哺却不反哺，或者延迟反哺，城乡差距越拉越大，那么不仅农村的社会生态会恶化，最终社会也必须为自己当初的短视“埋单”。“十一五”期间将加快城市反哺农村、工业反哺农业的步伐，这不仅是农民的福音，也是全社会的福音。以党的十六届四中全会正式提出“工业反哺农业，城市支持农村”的“两个趋向”重要论断为标志，我国经济改革从过去侧重工业和城市向侧重农业和农村转变，其核心目标是加快农村发展，实现城乡协调发展。

49.十一届全国人大二次会议关于“三农”问题的重要议题有哪些?

第十届全国人民代表大会第二次会议于 2009 年 3 月 5 日至 3 月 14 日在北京召开。这是在我国经济社会发展重要时刻召开的一次重要会议,是我国各族人民政治生活中的一件大事。会议对贯彻落实十六大和十六届三中全会精神,进一步统一全党全国人民的思想,调动各方面的积极性,同心同德地做好今年的工作,推动全面建设小康社会进程,都具有十分重要的意义。会议期间,代表们共提出议案 1374 件,内容涵盖改革发展稳定的重大问题和人民群众关心的热点问题,其中与“三农”问题相关的议案占到全部议案的 10%左右。

政府各项报告继续把改善人民生活、提高城乡居民富裕程度作为工作的重点,特别对增加农民收入、扩大就业、健全社会保障体系等方面予以高度关注,并制定了切实的措施。农民增收已经较长时间徘徊不前,党和国家对此非常重视。温家宝总理在大会上郑重作出四项承诺:第一是五年内取消农业税;第二是要在五年内拿出 100 亿元基本扫除青壮年文盲,基本实现九年制义务教育;第三是加强公共卫生体系建设,力争用三年时间基本建成覆盖城乡、功能完善的疾病预防控制体系;第四是建设领域的工资和农民工工资的兑现。这四个承诺都与“三农”有关,显示了中央减轻农民负担、实现农民增收、推动农村各项事业发展的坚定决心。国家发改委主任马凯在会议上作报告时说,要坚持“多予、少取、放活”方针,力争全年农民人均纯收入增长 5%。这一指标如果实现,那么今年将是自 1997 年以来农民收入增幅最大的一年。

温家宝总理在谈到全面加强“三农”工作时,提出要采取以下措施:一要大幅度增加农业农村投入。2009 年中央财政拟安排“三农”投入 7161 亿元,比上年增加 1206 亿元。二要较大幅度提高粮食最低收购价,保持农产品价格合理水平,提高种粮农民积极性。今年小麦、稻谷最低收购价平均每斤分别提高 0.11 元和 0.13 元。适时启动主要农产品临时收储政策，增加粮食、棉花、食用植物油和猪肉储备，加强农产品市场调控。三要进一步增加农业补贴。中央财政拟安排补贴资金1230亿元，比上年增加200亿元。继续增加粮食直补。加大良种补贴力度，提高补贴标准，实现水稻、小麦、玉米、棉花全覆盖，扩大油菜和大豆良种补贴范围，实施油茶良种补贴。农机具购置补贴覆盖到全国所有农牧业县（场），中央财政拟安排资金130亿元，比上年增加90亿元。根据农资价格上涨幅度和农作物播种面积，及时增加农资综合补贴。四要加快新型农业社会化服务体系建设。加大农业科技投入，加强农业科技创新成果推广和服务能力建设。健全基层农业技术推广、动植物疫病防控、农产品质量监管等公共服务机构，支持供销合作社、农民专业合作社、龙头企业等，提供多种形式的生产经营服务。五要稳定完善农村基本经营制度。现有土地承包关系要保持稳定并长久不变，赋予农民包括离乡农民工更加充分而有保障的土地承包经营权。土地承包经营权流转必须坚持依法自愿有偿的原则。坚持和落实最严格的耕地保护制度和最严格的节约用地制度，严守18亿亩耕地红线不动摇。推进集体林权制度改革，深化农村综合改革，加快乡镇机构改革，积极稳妥化解乡村债务。

会议决定从2009年开始，在全国农村实行住院分娩补助政策，定期为孕产妇做产前检查和产后访视，为3岁以下婴幼儿做生长发育检查。加强出生缺陷预防工作。将农村部分计划生育家庭奖励扶助标准由人均600元提高到720元。加强流动人口服务和管理。保护妇女和未成年人权益。在农村妇女中开展妇科疾病定期检查。支持残疾人事业加快发展。继续加强老龄工作。与此同时，要大力发展文化体育事业。加快完善公共文化服务体系，加强重点文化设施、城乡基层文化设施特别是广播电视“村村通”和乡镇综合文化站、农家书屋建设，努力推进文化惠民工程。

【实例1】温家宝为农民讨工钱

2003年10月24日中共中央政治局常委、国务院总理温家宝抵重庆走访移民。在云阳县人和镇龙泉村10组与村民曾祥万拉起了家常。温家宝问村民们:“大家有什么困难,有什么需要我们做的?”“总理,我想,我想说说我家里打工的事。”一直坐在温家宝左侧的农家妇女熊德明有些腼腆地说。温家宝总理侧过身对她说:“你说吧。”这时,坐在旁边的重庆市委书记黄镇东也鼓励熊德明:“有什么事只管对总理照实说。”熊德明说,现在农民的收入主要靠打工,村里大多数劳力都在云阳新县城建筑工地干活,一年收入有五六千元左右,但是在修建新县城中心广场阶梯的过程中,包工头拖欠农民的工钱一直不还。她爱人李建明有2000多元钱的工钱已拖欠了一年,影响娃儿们交学费……

听着熊德明的叙述,温家宝神情顿时严峻起来。温家宝双眉紧锁,沉吟片刻后说:“一会儿我到县里去,这事我一定要给县长说,欠农民的钱一定要还!”人群中立刻响起热烈的掌声。“谢谢总理!”刚才还有些腼腆的熊德明,此刻高兴地叫了起来。华灯初上,汽车驶进云阳县新城。温家宝心里仍想着龙泉村乡亲们的事。一见县里的负责人,他就追问起农民务工工资被拖欠的事。县里负责人说:“确有其事。主要是因为一些包工头没有把钱发到农民手中。这事我们要认真处理,一定给村民一个满意的答复。”当天夜里11时多,熊德明的丈夫拿到了拖欠的2240元务工工资。自此一场轰轰烈烈的清欠农民工工资的运动在全国展开。

【实例2】戏曲电视剧《村官》与当前中国贫困农村的现状

由中央电视台影视部和山西电视台联合摄制的四集戏曲电视剧《村官》,是一部歌颂基层共产党员努力实践“三个代表”,全心全意为人民服务的主旋律电视剧,该剧以感人的事例,动人的故事情节,塑造了一个普通的农村基层共产党员干部的艺术形象,谱写了一曲新时期共产党人为党、为人民无私奉献的创业之歌、奋斗之歌。

电视剧《村官》主人公高秀民本来是一名医生,已经在省城租好了房子,准备在省城开诊所行医。一场暴风雨冲毁了村里的小学,也改变了高秀民的命运。为了给孩子们看病,他去省城办诊所的计划一拖再拖。之后村民选举又把他推到了村委主任的位置。当时村里的状况,同大部分落后的村庄一样,条件艰苦、班子涣散、人心不稳,缺乏脚踏实地为村民办实事的领头羊。在这样的穷村里当村官,得不到富裕村里的村官可能得到的好处,却有一般村官难以想象的难处。高秀民本不愿当这个村官,全家人也反对他当这个村官,他在当上这个村官后还曾动摇过、彷徨过,但在村民们向他投来的信任的目光中,在露天上课的孩子们殷切的呼唤中,他流下了难以抑制的泪水。他割舍不下乡亲,割舍不下孩子们。他彻底舍弃了进城开诊所的计划,决心当好这个村官,医治村里的贫疾,带领群众脱贫致富。在村里外债累累、困难重重的情况下,他盖学校、筑公路、修水库,改善基础设施和村里人的生存环境,充分表现了他的远见和胆略。村里资金短缺,他把自己在省城转租房退回来的租金,把儿子结婚用的彩礼,把女儿为给他治病拿来的钱,全部垫在了村里,甚至卖掉老父亲的寿材板,还了村里欠学校老师的工资。当一个企业老板说只要他喝一碗酒就能让他拉走工程上用的材料并能减免村里的几千元欠债时,他不顾病入膏肓的身体,毅然喝下了酒,回到家里还强忍着病痛,连说:“值!值!……”他硬是这样,把自己的全部精力、全部心血用在了村里,村里的面貌变样了,而他却倒下了。

沧海横流,方显英雄本色。电视剧《村官》的精神价值,通过三个方面的叙述和演绎,形成了一个全面立体的透视。首先,《村官》真实地再现了当前中国贫困农村的现状,揭示了贫困农村之所以贫困的原因,即缺乏一个为广大群众所信任、理解、支持,并能带领广大群众克服困难、发展经济的好村官,缺乏必要的资金、技术、人才,缺乏良好的自然条件,由此形成了恶性循环;其次,《村官》形象地说明,贫困农村要想摆脱落后面貌,一定要选一个大家信得过的、有远见卓识和胆略的、具有自我牺牲精神的、能够带领群众开拓进取的村委主任,组成一个好的领导班子;再次,人民群众中蕴藏着巨大的能量,高秀民式的共产党员、好干部就在村里,我们要善于发现、使用这样的村官。只要我们的所有村官,都像高秀明同志那样,脚踏实地为村民办实事、办好事,无怨无悔地奉献,条件再差的贫困农村也有脱贫致富的希望。

《村官》不论从精神价值上，还是从艺术追求上，都是一面明亮的镜子。在精神上，无论是省官、地官、市官、县官，还是乡官、村官，各种各样的官都应和村官高秀民比一比，纵然做不到像高秀民那样无怨无悔的奉献，也应做到清正廉洁、一身正气。在艺术上，一些以真人真事为题材创作的电视剧，也应与《村官》比一比，认真地思考一下，如何才能从人物真实平凡的事迹中发掘精神的闪光点，如何才能把主旋律电视剧拍得更感人、更精彩、更有可视性，而不至于流于图解政策，拔高典型，成为不受群众欢迎的僵硬的宣传和说教。

【实例3】一位72岁老人和他创造的农村教育奇迹

他用40多年的时间，把一所在破庙里的小学，创办成拥有3所学校、8家股份制企业、资产达2亿元的国家级重点职业技术学校；他创造的“实业兴学，产教结合，育人为本”的办学模式，被誉为中国农村教育经济学的活标本。他就是72岁仍然奋战在教育第一线的山西省左云县综合技术学校校长——马文有。

1962年的深秋，刚从晋北师专毕业的马文有被分配到左云县井儿沟小学当老师。说是小学，除荒坡上一座孤零零的破庙外，就是几十个蓬头垢面的孩子。从当老师第一天起，马老师就下决心“自力更生修学校”。他带领全校师生利用课余时间，自己烧砖制瓦。一年后，15间新教室、13间新宿舍、5孔窑洞拔地而起。如今经过三次搬迁、四代更新、投资3800多万元、占地35公顷的学校有40个班、50个专业、2000多名师生，教学楼、实验楼、图书楼、学生宿舍楼、教工楼、办公楼及先进教学设备一应俱全，初级、中级职业教育并举的现代化农村职业技术学校落成了。

一次次搬迁重建和扩大办学规模都离不开钱。钱从哪里来？马老师认识到学校只有自己发展经济，才能走上良性发展的快车道。1972年，学校办了一个农场、一个林场和一个农具修配厂，3年后年收入达到了2000多元。钱虽少，马老师却看到了希望。1983年，马老师借改革开放的东风，又在荒坡上平整了200亩荒地，创办了砖瓦厂，成立了运输队。一年后又成立了印刷厂。1885年,马老师又带领煤炭班的学员办起煤矿、机修厂。目前,学校已拥有煤矿、活性碳厂、洗煤厂、磁选厂等8个股份制产业,年收入达千万元。学校用这些钱建教学楼、学生宿舍楼、理化实验室、图书馆。由破庙起家的井儿沟小学已成为山西省设备最先进最齐全的职业技术学校。

马老师说:“农村学校不能光教学生写写算算,还要教他们致富技术。”他认为,能为农村培养一批诚实勤劳、有一两手技能的人,就能改变农村的落后面貌。为实现这一目标,他先对学校进行了体制改革:在招收普通初中班的同时,吸收高、初中毕业生到技术教育班学习,并利用校办产业创办实习基地,引导学生走与实践相结合的道路。学校所在地左云县店湾镇,1987年便成为全省第一个亿元乡镇。全镇80%的村、92%的农户达到了小康水平。店湾镇各村的干部,90%以上是该校毕业的。店湾镇上张家坟村,现有村干部、企业管理人员和技术骨干36名,其中该校毕业生就有28名。根据当地经济发展要求和农民脱贫致富需求办职业技术班,不仅为当地培养了一大批实用人才,也使学校走上了综合发展之路,形成教育、生产、科研三结合,人才、钱财、精神财富三种资源齐开发的办学模式。这一模式被专家誉为“农村教育的大奇迹”,而奇迹的创造者马文有也因此获得了特级教师、全国先进工作者、享受国务院特殊津贴专家等数百项荣誉。

第三章　立法保障

【导言】农业健康发展，政策稳定是关键。稳定农业政策，法律制度是保障。我国“三农”立法问题，能从根本上保障国家政策法律的贯彻落实，保护农民市场经济主体的法律地位，保护农民各项合法权益的真正实现，对于管理、调控和壮大农业生产，发展农村经济和各项社会事业，对于建设社会主义新农村具有重要的意义。我国是农业大国，农业是国民经济的基础，农民是中国最大的社会群体。这一国情决定了“三农”的立法在国家立法体系和依法治国方略中的特殊地位。新中国成立以来，党的路线、方针和政策在农村发挥了极其重要的指导和推动作用。在实施依法治国方略和改革开放政策不断推进的新形势下，在农村落实科学发展观，实现农业增产、农民增收和农村稳定，建设社会主义新农村，既需要政策，更需要法律，适时地把党的各项农村政策上升和转化为具有强制力和普遍约束力的法律，能够增强党的政策的连续性、稳定性和权威性，逐步形成在解决“三农”问题上既依靠政策、又依靠法律办事的互动机制。

当前，我国农业正由传统农业向现代农业转变，由计划农业向市场农业转变。法治作为现代化大生产的产物，是保障市场经济健康有序运行的重要手段。只有通过法律机制，才能有利于确立公平的市场竞争交易规则，打破地区封锁，建立统一、开放、竞争、有序的市场体系，才能有利于规范国家对农村经济的宏观调控，实现农村经济的可持续发展。而且从农业的产业地位和特点来看，农业是社会效益高、自身效益低，自然风险和市场风险大的弱势产业，只有通过法律的途径在各种权利、义务和责任的配置上对农业实行倾斜和支持，才能确保农业的基础地位。

50.国家有关"三农"的立法主要有哪些？

据不完全统计，改革开放30年来，仅全国人大常委会审议通过的有关农业、农村方面的法律就有20多件，这些法律中，既有关于农业和农村经济基本制度方面的法律规范，如农业法、农村土地承包法、村民委员会组织法，也有农村经济主体方面的法律规范，如乡镇企业法；既有关于农业生产和农产品质量安全方面的法律规范，如种子法、农业机械化促进法、动物防疫法等，也有农业资源环境保护方面的法律规范，如渔业法、草原法、森林法、土地管理法、水法、水土保持法、水污染防治法、野生动物保护法、防沙治沙法；既有关于农业科技教育方面的法律规范，如农业技术推广法，也有关于农村社会发展和公共安全管理方面的法律规范，如防洪法等。这些法律的颁布施行，对保障和促进农业和农村经济持续、快速、健康发展，保护农民合法权益起到了积极的作用。

2004年3月14日，宪法修正案在十届全国人大二次会议上高票通过。其中有些修改直接涉及农民群众的切身利益。例如"国家为了公共利益的需要，可以依照法律规定对土地实行征收或者征用并给予补偿"，比原来的条文增加了"征收"和"并给予补偿"。

2007年3月16日，十届全国人大五次会议高票通过了物权法，在这部法律中，我国首次明确了对公有财产和私有财产给予平等保护，内容涉及了土地承包期、私有财产平等保护、征收补偿等诸多涉及"三农"的问题，贯彻了党在农村的基本政策。例如，农民土地承包期满后可以继续承包；国家为了公共利益，依法征收集体土地，应当支付土地补偿费、安置补助费、地上附着物和青苗的补偿费等费用，安排被征地农民的社会保障费用等。

2006年1月开始，全国人大常委会废止了农业税条例，结束了

2000多年农民种田纳税的历史，向实行城乡统一的税制迈出了重要的一步。同年3月，温家宝总理在向全国人大作政府工作报告时宣布："今年在全国彻底取消农业税，标志着我国实行了长达2600年的这个古老税种从此退出历史舞台，这是具有划时代意义的重大变革。"

2004年修订了土地管理法，同年修正了种子法。2006年制定实施农产品质量安全法和农民专业合作社法，对提高农民的组织化程度，促进农业产业化经营具有重要意义。2007年还在总结动物防疫法实施以来的实践经验、特别是高致病性禽流感防控经验的基础上，对现行动物防疫法加以修订。

健全劳动和社会保障方面的法律制度，事关农民工在内的劳动者切身利益，事关社会和谐稳定，是社会领域立法的一个重点。2007年，十届全国人大常委会先后通过了劳动合同法、就业促进法、劳动争议调解仲裁法。劳动法加大了对试用期劳动者的保护力度，加重了用人单位不订立书面劳动合同的法律责任，农民工等弱势群体拿到了保护自己权益的"上方宝剑"。而就业促进法规定了政府在促进就业方面的责任，明文禁止"乙肝歧视"、侵害孕产妇权利等就业歧视行为。劳动争议调解仲裁法，为公正及时解决劳动争议，保护当事人的合法权益、促进劳动关系和谐稳定都起到了重要的作用。

多年来的城乡分治，影响了乡村规划建设的发展，造成了土地资源的浪费和农村居住环境整体较差的现状。城乡规划法在2008年1月1日的实施，预示着城乡规划步入一体化新时代。

针对社会民生领域代表反映强烈的问题，全国人大常委会又全面修订义务教育法，将义务教育经费保障机制以法律的形式固定下来，将实施素质教育写入法律，将义务教育均衡发展作为目标定下来。作为对义务教育法实施的回应，2007年，全国农村义务教育阶段学生都享受到了"两免一补"，即免除学费、书本费、补助寄宿费。

1984年制定的森林法规定，全民所有和集体所有的宜林荒山荒地可以由集体或者个人承包造林。1985年制定的继承法规定，个人承包应得的个人收益，依照本法规定继承。个人承包，依照法律允许继承人继续承包的，按照承包合同办理。同年制定的草原法也规定，全民所有的草原、集体所有的草原和集体长期固定使用的全民所有的草原，可以由集体或者个人承包从事畜牧业生产。2003 年 3 月 1 日实施的农村土地承包法和新修订的农业法等法律，也都对农村土地承包关系、土地承包的期限、承包期限内能否调整土地、承包土地的流转、与二轮承包工作的衔接等重大问题作出了明确的规定。

可以说，经过三十年的努力，我国农业立法的步伐加快，农业立法质量不断提高。农业无法可依的状况已基本得到改变，农业法律体系的框架基本形成，我国“三农”事业将会在制度的框架内发展得更好更快。

51.土地承包经营权的具体内容是什么？

为稳定和完善以家庭承包经营为基础、统分结合的双层经营体制，赋予农民长期而有保障的土地使用权，维护农村土地承包当事人的合法权益，促进农业、农村经济发展和农村社会稳定，根据宪法制定了农村土地承包法，该法自 2003 年 3 月 1 日起施行。该法所称农村土地，是指农民集体所有和国家所有依法由农民集体使用的耕地、林地、草地，以及其他依法用于农业的土地。国家实行农村土地承包经营制度。农村土地承包采取农村集体经济组织内部的家庭承包方式，不宜采取家庭承包方式的荒山、荒沟、荒丘、荒滩等农村土地，可以采取招标、拍卖、公开协商等方式承包。国家依法保护农村土地承包关系的长期稳定。农村土地承包后，土地的所有权性质不变。承包地不得买卖。

农村集体经济组织成员有权依法承包由本集体经济组织发包的农村土地。任何组织和个人不得剥夺和非法限制农村集体经济组织成员承包土地的权利。农村土地承包，妇女与男子享有平等的权利。承包中应当保护妇女的合法权益，任何组织和个人不得剥夺、侵害妇女应当享有的土地承包经营权。农村土地承包应当遵守法律、法规,保护土地资源的合理开发和可持续利用。未经依法批准不得将承包地用于非农建设。国家鼓励农民和农村集体经济组织增加对土地的投入,培肥地力,提高农业生产能力。国家保护集体土地所有者的合法权益,保护承包方的土地承包经营权,任何组织和个人不得侵犯。国家保护承包方依法、自愿、有偿地进行土地承包经营权流转。

承包方享有下列权利:(1)依法享有承包地使用、收益和土地承包经营权流转的权利,有权自主组织生产经营和处置产品;(2)承包地被依法征用、占用的,有权依法获得相应的补偿;(3)法律、行政法规规定的其他权利。承包方承担下列义务:(1)维持土地的农业用途,不得用于非农建设;(2)依法保护和合理利用土地,不得给土地造成永久性损害;(3)法律、行政法规规定的其他义务。耕地的承包期为三十年,草地的承包期为三十年至五十年,林地的承包期为三十年至七十年;特殊林木的林地承包期,经国务院林业行政主管部门批准可以延长。

县级以上地方人民政府应当向承包方颁发土地承包经营权证或者林权证等证书,并登记造册,确认土地承包经营权。颁发土地承包经营权证或者林权证等证书,除按规定收取证书工本费外,不得收取其他费用。承包期内,发包方不得收回承包地。承包期内,承包方全家迁入小城镇落户的,应当按照承包方的意愿,保留其土地承包经营权或者允许其依法进行土地承包经营权流转。承包期内,承包方全家迁入设区的市,转为非农业户口的,应当将承包的耕地和草地交回发包方。承包方不交回的,发包方可以收回承包的耕地和草地。承包期内,承包方交回承包地或者发包方依法收回承包地时,承包方对其在承包地上投入而提高土地生产能力的,有权获得相应的补偿。

承包期内,发包方不得调整承包地。承包期内,因自然灾害严重毁损承包地等特殊情形对个别农户之间承包的耕地和草地需要适当调整的,必须经本集体经济组织成员的村民会议三分之二以上成员或者三分之二以上村民代表的同意,并报乡(镇)人民政府和县级人民政府农业等行政主管部门批准。承包合同中约定不得调整的,按照其约定。承包期内,妇女结婚,在新居住地未取得承包地的,发包方不得收回其原承包地;妇女离婚或者丧偶,仍在原居住地生活或者不在原居住地生活但在新居住地未取得承包地的,发包方不得收回其原承包地。承包人应得的承包收益,依照继承法的规定继承。林地承包的承包人死亡,其继承人可以在承包期内继续承包。通过家庭承包取得的土地承包经营权可以依法采取转包、出租、互换、转让或者其他方式流转。

52.为什么要推出“农民工”维权方案?

2003 年岁末和 2004 年年初,一场清理拖欠工程款和农民工工资的攻坚战在全国打响了。2003 年 11 月,国务院办公厅下发了《关于切实解决建设领域拖欠工程款问题的通知》。2004 年 1 月 2 日,国务院召开全国清理拖欠工程款电视电话会议,要求一定要在春节前抓紧兑付 2003 年拖欠的农民工工资。2004 年 3 月 5 日,在十届全国人大第二次会议上,温家宝总理在《政府工作报告》中庄重承诺:“当前要抓紧解决克扣和拖欠农民工工资问题。国务院决定,用三年时间基本解决建设领域拖欠工程款和农民工工资问题。“清欠风暴”形成了巨大的社会声势,也取得了十分显著的成效。

与具体的清欠数据相比,更重要的收获在于,通过这场声势浩大的“清欠风暴”,农民工的境遇和命运引起了全社会前所未有的关注,加大对农民工权益保护成为整个社会的广泛共识。一个全社会真诚关注农民工、创造条件关心农民工、加大力度维护农民工权益的社会舆论氛围开始形成。

党的十六大之后,“三农”问题得到了党中央超乎寻常的重视,将其确定为“全部工作的重中之重”;在十六届三中全会提出的“五个统筹”中,“统筹城乡发展”被置于首位。特别是提倡和树立以人为本,全面、协调、可持续的科学发展观,标志着我党在现代化建设指导思想上的进步。在中央解决“三农”问题的总体方略中,农民工权益亦得到前所未有的重视。于是,帮助这个群体维护权益的各种声音从官方、从民间鹊起，逐渐形成了一股强大的力量，坚定着这些“异乡人”融入城市的决心。

53.如何认识《国务院关于解决农民工问题的若干意见》的主导思想？

党中央、国务院高度重视农民工问题。由中央和地方有关部门以及专家组成的小组开展了专题调查研究，广泛听取各方面的意见，经过近一年时间，起草了《关于解决农民工问题的若干意见》。文件明确了做好农民工工作的指导思想、基本原则和政策措施，是解决农民工问题的重要指导性文件。贯彻这个文件，切实保障农民工合法权益，改善农民工就业环境，引导农村富余劳动力合理有序转移，对于促进城乡协调发展、全面建设小康社会，对于维护社会公平正义、保持社会和谐稳定，都具有重大意义。

农民工是我国改革开放和工业化、城镇化进程中涌现的一支新型劳动大军。他们为城市繁荣、农村发展和国家现代化建设作出了重大贡献。解决农民工问题要坚持公平对待，一视同仁；强化服务，完善管理；统筹规划，合理引导；因地制宜，分类指导；立足当前，着眼长远。在解决农民工问题时必须本着以下方面：(1)抓紧解决农民工工资偏低和拖欠问题。严格规范用人单位工资支付行为，建立工资支付监控制度和工资保证金制度，确保农民工工资按时足额发放。严格执行最低工资制度，制定和推行小时最低工资标准。(2)依法规范农民工劳动管理。严格执行劳动合同制度，加强对用人单位订立和履行劳动合同的指导和监督。依法保障农民工职业安全卫生权益。切实保护女工和未成年工权益，严格禁止使用童工。(3)搞好农民工就业服务和职业技能培训。进一步清理和取消各种针对农民工进城就业的歧视性规定和不合理限制。(4)积极稳妥地解决农民工社会保障问题。依法将农民工纳入工伤保险范围，抓紧解决农民工大病医疗保障，探索适合农民工特点的养老保险办法。(5)切实为农民工提供相关公共服务。按照属地化管理的原则，逐步健全覆盖农民工的城市公共服务体系。保障农民工子女平等接受义务教育，搞好计划生育管理和服务，多渠道改善农民工居住条件。(6)健全维护农民工权益的保障机制。保障农民工依法享有的民主政治权利，保护农民工土地承包权益。加大维护农民工权益的执法力度。(7)促进农村劳动力就地就近转移。大力发展乡镇企业和县域经济，提高小城镇产业集聚和人口吸纳能力，扩大当地转移就业容量。各级政府要充分认识做好农民工工作的重大意义，切实加强领导，完善农民工工作协调机制，加快配套政策研究，引导农民工提高自身素质，充分发挥社区管理服务的作用，加强宣传舆论工作，在全社会形成理解、关心、保护农民工合法权益的良好氛围。确保涉及农民工的各项政策措施落到实处。

54.税收"十不准"如何维护农民权益？

针对当前农业税收征管工作存在可能引发农民税收负担案(事)件的突出问题，明确了有关涉农税收不得采取的行为，提出"十不准"，即不准违反税收法律、行政法规规定扩大税收征收范围；不准多征、提前征收和摊派税款；不准该依法减免税的不减免；不准收税不开票和收税打白条；不准搞税收承包；不准非法采取税收强制执行措施；不准动用警力、警具收税；不准随意扣人、扒粮、扒物、牵牲口；不准乱罚款；不准利用税收强制执行措施收取其他费用。

随着社会主义市场经济的不断发展，农业税收征收管理工作面临着许多新情况、新问题。农村税费改革后，农业税成为调节和规范国家、集体、农民三者之间利益分配关系的主要手段。农业税征收是否规范，能否避免和解决过去税费征收中存在的突出矛盾和问题，直接关系到减轻农民负担的成效，关系到农村社会的稳定和农村税费改革的成败。由于多方面的原因，农业税收征管法制化、规范化相对滞后，农业税收征管中有不少急需解决的问题。"十不准"将进一步促进农业税收征收机关加强依法治税、规范征管行为。全国2亿多纳税农户，9亿农民也可以依照该规定保护自己的合法权益，并监督农业税征收机关的征管行为。如果遇到农业税征收机关违反该规定，不依法征税，例如征收机关擅自扩大征收范围，多征或提前征收税款，收税不开票或收税打白条等情况，农民群众就可以积极向上级农业税征收机关反映并要求处理，以保护自身的合法权益。

55.如何认识"以工促农、以城带乡"?

"两个趋向"的重要论断，是胡锦涛总书记在2004年十六届四中全会提出的，即在工业化初始阶段，农业支持工业、为工业提供积累带有普遍性的倾向；但在工业化达到相当程度后，工业反哺农业、城市支持农村，实现工业与农业、城市与农村协调发展，也带有普遍性的倾向。在2004年召开的中央经济工作会议上，胡锦涛总书记又明确提出：我国现在总体上已到了以工促农、以城带乡的发展阶段。"两个趋向"的重要论断是对国际发展经验的精辟总结，是对我国经济发展阶段的科学判断，对于推动全党全社会站在全局的高度重视"三农"问题，从根本上解决好"三农"问题，必将产生极其重要的作用。

以工促农，实质就是要改变农业和农村经济在资源配置和国民收入分配中所处的不利地位，加大公共财政支农力度，让公共服务更多地深入农村、惠及农民。"以税惠农"，让农民长期休养生息。就我们国家的财力来讲，已经具备了取消农业税的条件。我国农民收入水平低，长期以来农民负担重，应该给农民一个长期休养生息的机会。"以税惠农"应该成为今后国家财政对农民支持的一项重要政策。

以城带乡，实质就是妥善处理城乡关系，切实维护农民的合法权益，逐步改变城乡二元结构，为农民进城就业创造更多的机会，为农民进得来、留得住创造更好的制度环境。进城务工就业农民这么大的一个群体，尽管他们中许多人已经在城市居住和工作了很多年，给当地经济社会发展作出了贡献，但由于收入低，无法实现在城镇买房定居的愿望，长期处于流动状态，很难成为稳定的城市居民。形成城市对农村发展的带动机制，关键是为农民进城创造更多的就业机会，使农民在城里有长期稳定的生存手段，只有这样，城镇化水平才可能扎实地提高。要对现行的一些政策措施进行清理，清除农民进城的障碍,降低农民进城的“门槛”。取消针对农民工进城就业的各种准入限制,实行一视同仁,平等竞争。

目前,我国农业产业化水平不高,农民与城镇居民的收入差距继续拉大,农村社会事业、社会保障以及基础设施和生态环境建设落后于城市。解决“三农”问题任重道远,统筹城乡发展是一个渐进的过程,解决“三农”问题不可能一蹴而就。推进城乡联动,加快农村经济发展,要从逐渐打破制度壁垒着手。农村环境须改善,农村的优势在环境,问题也在环境。西欧一些发达国家的农村空气清新,绿草遍地,是富人居住地。要让我们的农村达到理想的人居环境,目前,先要从对垃圾集中处理、河道治理和保洁做起。然后,再配套交通、学校等基础设施和公共设施。这样,农村就既有了好的环境,又有了便利的生活条件。完善农村社会救助体系,政府在考虑完善城市最低生活保障制度时,要在农村新型合作医疗的基础上,建立农村困难群众医疗救助基金,使救助对象因大病造成生活困难后能够享受到医疗救助,减少经济负担。农民培训和转移农民,政府要有系统的农民培训和转移计划。对农民培训要分层次,不同对象采取不同的培训,帮助他们适应工业化、城市化的需要。要摸清农民的就业、失业情况,实行统一的就业登记制度,还要保障进城、进厂农民的合法权益。重视财政转移支付,继续加大支农力度。要加大农村教育、医疗、社会保险、农业产业风险保障、农业市场主体发展、农业企业等的转移支付力度。加大对城乡接合部的城建力度,特别是市区周边乡镇的建设,包括道路建设、市容市貌、环境卫生。城市建设、环境卫生等方面差异都比较大。道路和交通是城乡联动的瓶颈,很多乡镇的道路建设不是很完善,公共汽车很少,到城市来又要等很久的汽车,应该加大农村道路的建设,多几条乡镇通向城市的公路,让农村和城市更好地沟通起来。

城市支持农村是一个漫长渐进的过程,这期间国家必须采取强有力的政策措施,着力用城市化、工业化过程中成熟的体制、机制和制度,推进城市与农村协调发展、农民与市民的共同进步。

56.如何理解《中华人民共和国物权法》中所说的“征地补偿”？

《中华人民共和国物权法》在现行《中华人民共和国土地管理法》、《土地管理法实施条例》等法律、法规的基础上，进一步完善了土地征收补偿制度。《中华人民共和国物权法》第四十二条规定：“为了公共利益的需要，依照法律规定的权限和程序可以征收集体所有的土地和单位、个人的房屋及其他不动产。”“征收集体所有的土地，应当依法足额支付土地补偿费、安置补助费、地上附着物和青苗的补偿费等费用，安排被征地农民的社会保障费用，保障被征地农民的生活，维护被征地农民的合法权益。”“征收单位、个人的房屋及其他不动产，应当依法给予拆迁补偿，维护被征收人的合法权益；征收个人住宅的，还应当保障被征收人的居住条件。”“任何单位和个人不得贪污、挪用、私分、截留、拖欠征收补偿费等费用。”

《中华人民共和国土地管理法》第四十七条规定：“征收土地的，按照被征收土地的原用途给予补偿。”“征收耕地的补偿费用包括土地补偿费、安置补助费以及地上附着物和青苗的补偿费。”《土地管理法实施条例》第二十六条规定：“土地补偿费归农村集体经济组织所有；地上附着物及青苗补偿费归地上附着物及青苗的所有者所有。”

比较以上三个法律、法规的规定可以看出，“应当依法足额”支付补偿费用，要“安排被征地农民的社会保障费用”，要“保障被征地农民的生活，维护被征地农民的合法权益”，规定了房屋及其他不动产拆迁补偿制度，规定了补偿费用不可侵犯，这是以前规定中所没有的。

《中华人民共和国物权法》中关于土地征收补偿制度的规定，既有对现行法律制度和政策措施的肯定和继承，更有许多创新和突破。概括起来看，表现在以下几个方面：（1）进一步严格限定了征收必须具备的法定条件。征收的实质要件是为了公共利益的需要；程序要件是依照法律规定的权限和程序。（2）明确了征收补偿的原则。土地和房屋征收应当依法足额支付补偿费，保障被征地农民的生活，保障被征收人的居住条件，维护被征地农民、被征收人的合法权益。（3）明确了土地征收的法定补偿范围，包括：土地补偿费、安置补助费、地上附着物补偿费和社会保障费用。（4）规定了补偿费用不可侵犯。

《中华人民共和国物权法》关于法定征地补偿范围新增加的社会保障费用，是本法的一大亮点。这贯彻了党和国家关于征地补偿安置必须保证被征地农民原有生活水平不降低、长远生计有保障的原则。《中华人民共和国宪法》第十条关于“国家为了公共利益的需要，可以依照法律规定对土地实行征收或者征用并给予补偿”和第十三条关于“国家为了公共利益的需要，可以依照法律规定对公民的私有财产实行征收或者征用并给予补偿”的规定表明，《中华人民共和国物权法》虽然没有规定支付法定征地补偿费用的义务人，但由于征收的权利人是国家，支付法定征地补偿费用的义务人当然也是国家。关于被征地农民的社会保障费用，国务院和有关部门连续出台了相应的政策。《中华人民共和国物权法》关于社会保障费用属于法定征地补偿范围的新规定，充分肯定了近几年在土地征收制度方面做的改革和探索，保持了政策的连续性。

57.“土地征收”和“土地征用”有何区别？

土地征收是2004年宪法修正后的新词汇，近来，一些文件、报告时常混用“土地征收”和“土地征用”两个概念，主要原因是实践中人们还存有模糊认识，认为二者没有实质区别，只是表述不同。实际上，二者既有共同之处，又有不同之处。共同之处在于，都是为了公共利益需要，都要经过法定程序，都要依法给予补偿。不同之处在于，征收的法律后果是土地所有权的改变，土地所有权由农民集体所有变为国家所有；征用的法律后果只是使用权的改变，土地所有权仍然属于农民集体，征用条件结束需将土地交还给农民集体。简言之，涉及土地所有权改变的，是征收；不涉及所有权改变的，是征用。

我国宪法和土地管理法2004年修正或修改前，没有区分上述两种不同的情形，统称“征用”。从实际内容看，土地管理法既规定了农民集体所有的土地“征用”为国有土地的情形，实质上是征收；又规定了临时用地的情形，实质上是征用。为了理顺市场经济条件下因征收、征用而发生的不同的财产关系，2004年国家立法机关对宪法作了修正，紧接着又对土地管理法进行了修改，除个别条文外，土地管理法中的“征用”全部修改为“征收”。

58.什么是“征收土地”，包括哪些内容？

征收土地是国家为了社会公共利益的需要，依照法定程序将农民集体所有的土地转变为国有土地，并依法给予被征收土地的单位和个人一定补偿的行为。在土地管理法的总则中即确定，国家为公共利益的需要，可以依法对土地实行征收或者征用并给予补偿。征收土地是一种国家行为，是法律授予政府专有的权力，除了国家可以依法对农民的集体所有的土地实行征收外，其他任何单位和个人都无权征收土地。征收土地不是向农民购买土地，被征收单位和个人必须服从，但必须给予补偿。主要内容有：(1)征用土地的审批权。土地管理法将这项权力集中于国务院和省级人民政府，改变了土地征用权分散行使的现象，也注意纠正分散行使引致的弊端。国务院和省的权限划分有明确的界限。(2)征用农用地的，必须先行办理农用地转用审批，如果中央和省两级已依法批准农用地转用的，则可同时办理征地审批手续，这里表明，转用是征用的前提条件，如果农用地不被转用，则国家无须征用农民集体的土地。(3)国家征用土地由县级以上地方人民政府组织实施。国家征用土地是以国家的力量来实现土地所有权的依法转移，因此只有法定的政府机关才能行使这项权力，非法定的机关和单位无权这样做，例如：县级以上地方人民政府之外的政府机关、企业、事业单位，都不是征用土地的法定的组织实施者。否则，就是违法的，就会扰乱了国家征用土地的秩序。(4)征用土地给予经济补偿。土地管理法第四十七条明确规定，征用土地的，按照被征用土地的原用途给予补偿。这项规定和有关征用土地补偿标准的规定表明，这种补偿是由国家确定了标准的一种经济补偿，并不是国家向农民买地的“市场价格”，价格是商品交换的产物，而在土地管理法中还没有将征用土地视同为商品交换，即土地买卖。土地管理法中的征用补偿标准比原有的规定有了提高，内容也较为完善，并且规定了国务院根据社会、经济发展水平，在特殊情况下，可以提高征地补偿标准，这样，更为灵活一些，也有利于从实际出发考虑征地的经济补偿。(5)征地程序和农民利益保护。土地管理法在这方面都作出了新的规定，反映了现实的需要和群众的愿望，土地管理法规定：①有关的地方政府应当公告征地补偿安置方案，听取被征地的集体经济组织和农民的意见，防止土地被征用而种地的农民还不知道的不正常现象；②征用土地的补偿费用收支状况要公布，接受监督，这是关系到农民切身利益的大事，法律作了规定，直接保护了农民利益；③禁止侵占、挪用被征用土地单位的征地补偿费用和其他有关费用，这是一项有针对性的制止侵犯农民利益的规定；④政府应当妥善安置好被征地的农民，并不是征了地给了补偿费之后就可以撒手不管了，而是从法律上就有责任安置好被征用了土地的农民。

59.为什么中央强调要守住 18 亿亩耕地红线？

耕地是土地资源中最宝贵的自然资源，耕地的数量和质量是粮食综合生产能力的体现。在当前复杂多变的国际形势下，保持一定数量和质量的耕地是确保我国粮食安全和生态安全的关键，更是贯彻和落实科学发展观、推进实施可持续发展战略以及实现社会经济又好又快发展目标的重要保障。尤其是近年来，随着我国工业化、城市化进程的加快，人口的持续增长和生态环境质量日益下降等多种原因，导致我国耕地资源数量不断减少、质量持续降低，严重威胁到了我国的粮食安全和生态安全。严峻的耕地资源形势不容乐观，已经引起了党中央、国务院领导的高度重视和人们的普遍担忧，同时也为我们敲响了“保护耕地、刻不容缓”的警钟，使我们不得不居安思危，再次深刻意识到“保护耕地就是保护我们的生命线”、“保护耕地就是保护中华民族的生命线”的重大战略意义。

1994 年，美国世界观察研究所所长布朗先生，在其《谁来养活中国》一书中警告说:"2030年,中国的粮食缺口将达到3.69亿吨,不仅中国无法养活自己,世界市场也负担不起。"而且布朗先生还预言,"粮食的短缺危机将使中国的经济奇迹过早结束"。他认为,"这个世界没有人能够养活13亿人口的中国"。于是,在很长一段时间里,在世界范围内就产生了种种无中生有的猜疑,最终导致"中国威胁论"和"粮食威胁论"的产生。尽管有的专家们对布朗先生的预测方法和依据提出过许多质疑,未必同意他的观点,但国内外几乎所有学者的研究结论都承认:"中国的粮食缺口将会越来越大,粮食问题将会成为制约中国经济发展的瓶颈。"

1999年4月,经国务院批准,《1997年—2010年全国土地利用总体规划纲要》正式实施。在这个规划纲要中,划定了全国范围内的人们称之为"保命田"、"生命线"的基本农田保护区。2001年,经国务院批准,我国基本农田保护区划定的范围,又扩展至16.28亿亩,这是号称保障国家粮食安全的"不可逾越的红线"。党中央又在十六届三中全会上提出:"为了保障国家的粮食安全,要实行最严格的耕地保护措施。"2006年3月5日,十届全国人大四次会议上通过的《国民经济和社会发展第十一个五年规划纲要》明确提出,18亿亩耕地是未来五年一个具有法律效力的约束性指标,是不可逾越的一道"红线"。2007年3月5日,温家宝总理在十届全国人大五次会议上再次强调:"要把节能降耗、保护环境和节约集约用地作为转变经济增长方式的突破口和重要抓手。""节约集约用地,不仅关系当前经济社会发展,而且关系国家长远利益和民族生存根基。在土地问题上,我们绝不能犯不可改正的历史性错误,遗祸子孙后代。一定要守住全国耕地不少于18亿亩这条红线。"2008年4月28日,国土资源部部长徐绍史在第三十九个"世界地球日"来临之际特别强调:"中国要严格土地调控和监管,坚守18亿亩耕地红线。提高土地调控的针对性和有效性,把握调控节奏和力度。"

由此可见,时至今日,党中央和国务院已经越来越意识到保护耕地的责任感和重视保护耕地的紧迫感,社会各界人士也积极呼吁"但存方寸地，留予子孙耕”。“民以食为天，食以地为本”，要充分确保我国当前和未来的粮食安全和社会稳定就必须要拥有一定数量和质量的耕地保有量。根据有关部门进行科学测算，如果依据我国目前人均消耗粮食量、耕地质量、平均亩产、粮食总产量及未来人口增加量等相关指标，到2010年我国人口将达到14亿人，要保障14亿人的吃饭问题，18亿亩耕地保有量是个底线，要保障粮食安全就绝对不能突破。

60.如何认识退耕还林（还草）？

为了遏制我国生态环境的恶化，解决中西部地区严重的水土流失问题，扭转长江、黄河流域水患灾害，国务院决定在全国范围内实施退耕还林（还草）（以下简称退耕还林），1999年开始试点，2002年全面铺开。从我国目前的生态状况和社会经济发展的整体情况看，实施退耕还林是非常必要的，也是可行的。退耕还林是指在水土流失严重或粮食产量低而不稳定的坡耕地和沙化耕地，以及生态地位重要的耕地，退出粮食生产，植树或种草。国家实行退耕还林资金和粮食补贴制度，按照核定的退耕地还林面积，在一定期限内无偿向退耕还林者提供适当的补助粮食、种苗造林费和现金（生活费）补助。《退耕还林条例》是为了规范退耕还林活动，保护退耕还林者的合法权益，巩固退耕还林成果，优化农村产业结构，改善生态环境。在国务院批准规划范围内的退耕还林活动，适用《退耕还林条例》。各级人民政府应当严格执行“退耕还林、封山绿化、以粮代赈、个体承包”的政策措施。退耕还林必须坚持生态优先。退耕还林应当与调整农村产业结构、发展农村经济，防治水土流失、保护和建设基本农田、提高粮食单产，加强农村能源建设，实施生态移民相结合。

61.我国对退耕还林的补助作了哪些规定？

根据国务院《退耕还林条例》的规定，国家按照核定的退耕还林实际面积，向土地承包经营权人提供补助粮食、种苗造林补助费和生活补助费。具体补助标准和补助年限按照国务院有关规定执行。种苗造林补助费和生活补助费由国务院计划、财政、林业部门按照有关规定及时下达、核拨。退耕土地还林的第一年,该年度补助粮食可以分两次兑付,每次兑付的数量由省、自治区、直辖市人民政府确定。从退耕土地还林第二年起,在规定的补助期限内,县级人民政府应当组织有关部门和单位及时向持有验收合格证明的退耕还林者一次兑付该年度补助粮食。退耕土地还林后,在规定的补助期限内,县级人民政府应当组织有关部门及时向持有验收合格证明的退耕还林者一次付清该年度生活补助费。退耕还林资金实行专户存储、专款专用,任何单位和个人不得挤占、截留、挪用和克扣。退耕土地还林后的承包经营权期限可以延长到七十年。承包经营权到期后,土地承包经营权人可以依照有关法律、法规的规定继续承包。退耕还林土地和荒山荒地造林后的承包经营权可以依法继承、转让。资金和粮食补助期满后,在不破坏整体生态功能的前提下,经有关主管部门批准,退耕还林者可以依法对其所有的林木进行采伐。但是退耕还林者擅自复耕,或者林粮间作、在退耕还林项目实施范围内从事滥采、乱挖等破坏地表植被的活动,是违法行为。

62.计划生育的奖励扶助政策有哪些?

人口与计划生育法第二十三条规定国家对实行计划生育的夫妻,按照规定给予奖励。国家建立、健全基本养老保险、基本医疗保险、生育保险和社会福利等社会保障制度,促进计划生育。国家鼓励保险公司举办有利于计划生育的保险项目。有条件的地方可以根据政府引导、农民自愿的原则,在农村实行多种形式的养老保障办法。公民晚婚晚育,可以获得延长婚假、生育假的奖励或者其他福利待遇。妇女怀孕、生育和哺乳期间,按照国家有关规定享受特殊劳动保护并可以获得帮助和补偿。公民实行计划生育手术,享受国家规定的休假;地方人民政府可以给予奖励。自愿终身只生育一个子女的夫妻,国家发给独生子女父母光荣证。获得独生子女父母光荣证的夫妻,按照国家和省、自治区、直辖市有关规定享受独生子女父母奖励。法律、法规或者规章规定给予终身只生育一个子女的夫妻奖励的措施中由其所在单位落实的,有关单位应当执行。独生子女发生意外伤残、死亡,其父母不再生育和收养子女的,地方人民政府应当给予必要的帮助。地方各级人民政府对农村实行计划生育的家庭发展经济,给予资金、技术、培训等方面的支持、优惠;对实行计划生育的贫困家庭,在扶贫贷款、以工代赈、扶贫项目和社会救济等方面给予优先照顾。

63.甘肃省对实行计划生育作了哪些规定?

《甘肃省计划生育条例》规定:晚育的妇女,产假为一百天(包括法定假日),并给男方护理假十天。农民晚育的,可免去夫妻双方当年义务工。一对夫妻决定终身只生育一个子女,并按规定领取独生子女证的,享受下列优待:(1)在产假期满前领取了独生子女证的母亲,产假延长五十天(包括法定假日),另给男方护理假五天;夫妻双方为农业人口领取独生子女证的,免去夫妻双方两年义务工。(2)每月领取独生子女保健费五元,从领证之月起至子女十四周岁止。(3)城市分配住房,在同等条件下应优先照顾独生子女户。独生子女可凭独生子女证优先入托、入园、入学、就医,有条件的单位可以免费;在安排就业时,也应在同等条件下优先照顾。夫妻均为干部、职工的,独生子女保健费由两方所在单位分担;一方为干部、职工,另一方为城镇无业居民或农民的,全部由干部、职工所在单位发给;夫妻均为农业人口或城镇无业居民的,由当地人民政府解决;夫妻是个体工商户的,按有关规定执行。独生子女保健费,行政事业单位在福利费中列支;企业在福利基金中列支;农村在集体提留或乡(镇)、村企业留利中列支或给予相应的优惠待遇等其他奖励;对人均收入不足200元的贫困乡(镇),经县(市、区)人民政府批准,在计划生育事业费中酌情补助,由乡(镇)人民政府具体落实。农村的独生子女户、按计划生育的有女无儿户,除在兴建房屋时优先解决宅基地,积极扶持其发展生产,劳动致富外，乡（镇）人民政府要根据当地实际情况制定优待办法，并逐步办好敬老院等社会福利事业，做到老有所养。农村提倡和鼓励男到有女无儿家结婚落户，落户后即为女方家庭成员，依法享有财产继承权，与本地区农民享有同等的权利和义务，任何人不得歧视和干涉。干部、职工依照规定享受婚、产假，按全勤对待，工资奖金照发，不影响提工资和晋级。乡（镇、街道）计划生育专职干部，在职期间享受计划生育专职干部岗位津贴，具体办法由省人民政府规定。对在计划生育工作中做出显著成绩的部门、单位和个人，由所在地人民政府给予表彰和奖励；对计划生育工作中作出显著成绩的州、市（地），县（市、区），乡（镇、街道）由上一级人民政府给予表彰和奖励。

64.如何认识我国农业法修改的背景?

随着改革开放的深入和国民经济不断发展，当前我国农业和农村经济发展已经进入了一个新的阶段，粮食和其他农产品产量大幅度增长，由长期短缺到总量大体平衡、丰年有余，基本上解决了全国人民的吃饭问题。在农业发展的新阶段，也出现了一些新情况和新问题。

（1）随着社会主义市场经济体制逐步完善，农业和农村经济发展的运行机制与外部环境都发生了变化，传统的农业管理和支持模式已经不能适应新的形势。

（2）由于生产力水平提高和人民生活的改善，农产品供求关系发生变化，部分农产品出现阶段性、结构性供过于求，农产品的品种和质量不完全适应市场需求，农业结构调整势在必行。

（3）近年来农民收入增长幅度趋缓，不仅制约农村消费增长，也影响国民经济的发展。

（4）我国加入世界贸易组织后，农业面临国际市场的挑战，需要采取新的措施，提高农业发展水平和农产品的国际竞争力。为了应对新情况，解决新问题，推动农业和农村经济更好地向前发展，2002 年对农业法进行了修改。

65.如何认识我国农业法的指导思想、立法目的和立法原则？

（1）指导思想：以邓小平理论和“三个代表”重要思想为指导，根据农业发展新阶段的要求，以建立和完善适应社会主义市场经济的农村经济体制，调整和优化农业和农村经济结构，提高农业的整体素质和效益，发展农业生产力，促进农业现代化和增加农民收入为目标，进一步巩固和加强农业的基础地位，贯彻科教兴农和可持续发展战略，调动农民的生产积极性，维护农民的合法权益，增强国家对农业的支持和保护，以促进和保障农业和农村经济持续、稳定、健康发展。

（2）立法目的：农业法立法目的体现在：第一，巩固和加强农业在国民经济中的基础地位。第二，统筹考虑农业、农村和农民问题，深化农村改革，促进农业和农村经济的持续、稳定、健康发展。第三，为实现全面建设小康社会的目标而奋斗。

（3）立法原则：依法治农原则；保护“三农”利益原则；农业经济、生态与农村社会协调发展原则；市场导向为主，政府调节为辅原则；科教兴农原则；社会支持，共同参与原则。以上六大原则间的关系如下：依法治农原则是社会主义市场经济条件下的农业与农村建设的法治原则，是实现农业可持续发展和农业现代化基本目标的制度保障，是农业法的首要的和根本的原则，保护“三农”利益则是农业法的根本价值所在，而农业经济、农业生态与农村社会并行协调发展则是农业法的价值平衡器，是实现“三农”可持续发展的基本价值坐标；以市场导向为主，政府调节为辅的原则，科教兴农原则以及社会支持、共同参与原则分别是实现农业法基本目标的手段原则或者说是方法原则。

66.什么是农民专业合作社？

农民专业合作社是在农村家庭承包经营基础上，同类农产品的生产经营者或者同类农业生产经营服务的提供者、利用者，自愿联合、民主管理的互助性经济组织。农民专业合作社与以公司为代表的企业法人一样，是独立的市场经济主体，具有法人资格，享有生产经营自主权，受法律保护，任何单位和个人都不得侵犯其合法权益。农民专业合作社具有下列特点：农民专业合作社是一种经济组织、农民专业合作社建立在农村家庭承包经营基础之上、农民专业合作社是专业的经济组织、农民专业合作社是自愿和民主的经济组织、农民专业合作社是具有互助性质的经济组织。农民专业合作社以其成员为主要服务对象，提供农业生产资料的购买，农产品的销售、加工、运输、贮藏以及与农业生产经营有关的技术、信息等服务。

67. 农民专业合作社法对农民专业合作社的基本原则作了哪些规定？

农民专业合作社的基本原则体现了农民专业合作社的价值，是农民专业合作社成立时的主旨和基本准则，也是对农民专业合作社进行定性的标准，体现了农民专业合作社与其他市场经济主体的区别。只有依照这些基本原则组建和运行的合作经济组织才是农民专业合作社法调整范围内的农民专业合作社，才能享受农民专业合作社法规定的各项扶持政策，这些基本原则贯穿于农民专业合作社法的各项规定之中。农民专业合作社应当遵循的基本原则有以下五项：成员以农民为主体、以服务成员为宗旨、入社自愿、退社自由、成员地位平等，实行民主管理，盈余主要按照成员与农民专业合作社的交易量(额)比例返还。

68.《中华人民共和国农产品质量安全法》的制定背景是什么？

农产品质量安全，是指农产品的质量符合保障人的健康、安全的要求。人们每天消费的食物，有相当大的部分是直接来源于农业的初级产品，即农产品质量安全法所称的农产品，如蔬菜、水果、水产品等；也有些是以农产品为原料加工、制作的食品。农产品的质量安全状况如何，直接关系着人民群众的身体健康乃至生命安全。“民以食为天,食以安为先"。我们不但要保证老百姓吃得饱,还要保证老百姓吃得安全、吃得放心,这是坚持以人为本、对人民高度负责的体现。在中央的高度重视和各有关方面的共同努力下,我国农产品质量安全状况总体上不断提高,但存在的问题依然不少,亟待依法规范,加强管理。全国人大常委会虽已制定了食品卫生法和产品质量法,但食品卫生法不调整种植业、养殖业等农业生产活动;产品质量法只适用于经过加工、制作的产品,不适用于未经加工、制作的农业初级产品。为了从源头上保障农产品质量安全,维护公众的身体健康,促进农业和农村经济的发展,有必要制定专门的农产品质量安全法。为保障农产品质量安全,维护公众的身体健康,促进农业和农村经济的发展,制定了《中华人民共和国农产品质量安全法》。这是坚持科学发展观,促进现代农业又好又快发展,保障农产品质量安全的现实要求,是构建和谐社会,维护最广大人民群众根本利益的可靠保障,是提升我国农产品竞争力,应对农业对外开放和参与国际竞争的重大举措,是推进依法行政,填补我国农产品质量安全监管法律空白的客观要求。

69.农产品质量安全法包括哪些内容?

农产品质量安全法从我国农业生产的实际出发,遵循农产品质量安全管理的客观规律,针对保障农产品质量安全的主要环节和关键点,确立了相关的基本制度,主要包括:

(1)政府统一领导,农业主管部门依法监管,其他有关部门分工负责的农产品质量安全管理体制。

(2)农产品质量安全标准的强制实施制度。政府有关部门应当按照保障农产品质量安全的要求,依法制定和发布农产品质量安全标准并监督实施;不符合农产品质量安全标准的农产品,禁止销售。

(3)防止因农产品产地污染而危及农产品质量安全的农产品产地管理制度。

(4)农产品的包装和标识管理制度。

(5)农产品质量安全监督检查制度。

(6)农产品质量安全的风险分析、评估制度和农产品质量安全的信息发布制度。

(7)对农产品质量安全违法行为的责任追究制度。上述各项基本制度的具体内容,在农产品质量安全法中都有明确规定。这些法定基本制度具有很强的针对性和可操作性,只要严格贯彻执行,我国的农产品质量安全就能够得到保障。

70.如何认识《中华人民共和国农药管理条例》?

1997 年 5 月 8 日,李鹏总理签署国务院第 216 号令,正式颁发了《中华人民共和国农药管理条例》。这是建国以来我国发布的第一个农药管理的基本法规,也是加强农药行业法制建设的一项重大举措。《中华人民共和国农药管理条例》的颁布施行体现了国务院对农药工业的重视,把农药工业的改革和发展推向新的阶段。《中华人民共和国农药管理条例》系统地总结了我国农药管理的成功经验,结合我国农药工业改革开放的实际情况,对农药登记、生产、流通、使用各环节都作了具体规定,必将对进一步加强我国农药行业管理,促进农药工业健康发展产生深远影响。随后农业部在 1999 年 7 月 23 日发布了《农药管理条例实施办法》,标志着我国的农药管理工作从此走上了有法可依的道路。2001 年对《中华人民共和国农药管理条例》进行了修改,2002 年、2004 年对《农药管理条例实施办法》进行了修改。保证农药质量,保护农业、林业生产和生态环境,保障人畜安全,是实施农药管理的最终目的。因此其管理对象理所当然地要包括农药的生产者(包括农药的分装者)、农药的经营者和农药的使用者三个方面。为了加强对农药生产、经营和使用的监督管理,保证农药质量,保护农业、林业生产和生态环境,维护人畜安全,制定《中华人民共和国农药管理条例》。该条例所称农药,是指用于预防、消灭或者控制危害农业、林业的病、虫、草和其他有害生物以及有目的地调节植物、昆虫生长的化学合成或者来源于生物、其他天然物质的一种物质或者几种物质的混合物及其制剂。

71.如何认识《中华人民共和国种子法》,它包括哪些内容?

《中华人民共和国种子法》由第九届全国人民代表大会常务委员会第十六次会议通过,自2000年12月1日起施行。1989年国务院发布的《中华人民共和国种子管理条例》同时废止。为了保护和合理利用种质资源,规范品种选育和种子生产、经营、使用行为,维护品种选育者和种子生产者、经营者、使用者的合法权益,提高种子质量水平,推动种子产业化,促进种植业和林业的发展,制定本法。在中华人民共和国境内从事品种选育和种子生产、经营、使用、管理等活动,适用本法。本法所称种子,是指农作物和林木的种植材料或者繁殖材料,包括籽粒、果实和根、茎、苗、芽、叶等。

《中华人民共和国种子法》共十一章七十八条,对种质资源保护、品种选育与审定、种子的生产、经营、使用、种子质量、种子进出口和对外合作、种子的行政管理以及违法的法律责任作了规定。着重强调了以下内容:

(1)关于对种子事业的扶持措施。

(2)关于种质资源保护。

(3)关于维护育种者的合法权益。

(4)关于品种审定制度,《中华人民共和国种子法》规定:"主要农作物品种和主要林木品种在推广应用前应当通过国家级或者省级审定,申请者可以直接申请省级审定或者国家级审定。""相邻省、自治区、直辖市属于同一适宜生态区的地域,经所在省、自治区、直辖市人民政府农业、林业行政主管部门同意后可以引种。""应当审定的农作物品种未经审定通过的,不得发布广告,不得经营推广。"

(5)关于种子生产、经营许可制度。《中华人民共和国种子法》规定:"主要农作物和主要林木的商品种子生产实行许可制度。""种子经营实行许可制度。"《中华人民共和国种子法》还分别规定了领取生产、经营许可证应当具备的条件和审核、核发的程序。为了规范种子生产者、经营者依法进行种子生产、经营活动,《中华人民共和国种子法》对种子生产、经营行为作了多条具体规定,“商品种子生产应当执行种子生产技术规程和种子检验、检疫规程”,“商品种子生产者应当建立种子生产档案”,“种子经营者应当遵守有关法律、法规的规定,向种子使用者提供种子的简要性状、主要栽培措施、使用条件的说明与有关咨询服务,并对种子质量负责”,“销售的种子应当附有标签”,“销售进口种子的,应当附有中文标签”,“标签标注的内容应当与销售的种子相符”,“种子经营者应当建立种子经营档案”等。

(6)关于保护种子使用者的合法权益。《中华人民共和国种子法》规定:“种子使用者有权按照自己的意愿购买种子,任何单位和个人不得非法干预。”在法律责任中还规定:“强迫种子使用者违背自己的意愿购买、使用种子给使用者造成损失的,应当承担赔偿责任。”

(7)关于种子管理体制和执法主体。根据中央有关机构改革的精神,种子管理应当实行政企分开、政事分开。《中华人民共和国种子法》规定:“国务院农业、林业行政主管部门分别主管全国农作物种子和林木种子工作;县级以上地方人民政府农业、林业行政主管部门分别主管本行政区域内农作物种子和林木种子工作。”“农业、林业行政主管部门负责对种子质量的监督。”“农业、林业行政主管部门是种子行政执法机关。种子执法人员依法执行公务时应当出示行政执法证件。”“农业、林业行政主管部门及其工作人员不得参与和从事种子生产、经营活动;种子生产经营机构不得参与和从事种子行政管理工作。种子的行政主管部门与生产经营机构在人员和财务上必须分开。”同时对行政主管部门在实施监督管理中的收费及法律责任作出了规定。

72.如何认识村务公开制度,其意义何在?

20 世纪 80 年代以来,随着社会主义市场经济的提出和发展,随着农村政治经济体制改革的不断深入,以民主选举、民主决策、民主管理、民主监督为主要内容的村民自治活动,在我国农村蓬勃发展起来。在推进农村基层民主政治建设中,形成了具有中国特色的村务公开制度,这是我国农村治理结构的一项重大改革。村民是党在农村的依靠力量,也是我国人民民主政权最广泛、最深厚的群众基础。保护和发挥农民的积极性,历来是我们党取得革命和建设胜利的重要保证,也是推进社会主义现代化建设事业顺利进行的必备条件。调动广大农民积极性的核心是保障农民的物质利益,尊重农民的民主权利。由于缺乏群众监督,有的干部不是尽职尽责地为群众办事,而是以权谋私。解决这些问题,一方面要加强对农村干部的思想教育,另一方面,必须建立、健全民主监督制度,形成有效的激励、约束、监督机制。村务公开是推行村级民主监督和民主管理的基础,在基层群众自治中具有重要作用。实行村务公开和民主管理,使农村工作逐步走上规范化和制度化的轨道,有利于发展农村基层民主,活跃农村基层民主生活;有利于加强农村基层组织和党风廉政建设,强化党员和群众对干部的监督,密切党群干群关系;有利于引导农村干部依法治村,正确执行党的群众路线和党的政策,按章办事,做好工作。

村务公开是村民自治的一个重要环节,是农村基层民主政治建设的基础。做好村务公开民主管理工作,事关广大农民群众根本利益,事关农村物质文明、政治文明和精神文明建设,对推进农村全面建设小康社会进程具有十分重要的意义。做好村务公开和民主管理工作,是完善村民自治,发展社会主义民主,推进社会主义政治文明建设的重要内容。做好村务公开和民主管理工作,是顺利推进农村改革和发展,加快农村全面建设小康社会进程的必然要求。实行村务公开有利于密切干群关系,有利于农村基层干部廉洁自律,有利于维护农村社会的稳定,有利于促进村级民主政治建设,有利于搞好村级民主选举,有利于搞好村级民主决策,有利于搞好村级民主管理,有利于搞好村级民主监督。概括起来可以说,实行村务公开有利于搞好农村基层民主政治建设。实行村务公开制度是农村基层民主政治建设的重要组成部分,也是农民群众参与民主管理、民主决策、民主监督的有效途径之一。

73.《中华人民共和国村委会组织法》对村委会公布事项作了哪些规定?

依照《中华人民共和国村民委员会组织法》第二条的规定,村民委员会应当及时公布下列事项。其中涉及财务的事项至少每六个月公布一次,接受村民的监督:

(1) 涉及村民利益并由村民会议讨论决定的事项及实施情况具体包括八个方面:①乡统筹的收缴方法,村提留的收缴及使用;②本村享受误工补贴的人数及补贴标准; ③从村集体经济所得收益的使用;④村办学校、村建道路等村公益事业的经费筹集方案;⑤村集体经济项目的立项、承包方案及村公益事业的建设承包方案;⑥村民的经营承包方案;⑦宅基地的使用方案;⑧村民会议认为应当由村民会议讨论决定的涉及村民利益的其他事项。

(2)国家计划生育政策的落实方案。

(3)救灾救济款物的发放情况。

(4)水电费的收缴以及本村村民普遍关心的其他事项。

74.如何理解《中华人民共和国农村土地承包法》的基本精神?

《中华人民共和国农村土地承包法》共五章六十五条,对农村土地承包的主要方面都作出了法律规定, 核心是赋予农民长期而有保障的土地承包经营权。要深刻领会《中华人民共和国农村土地承包法》的立法精神,着重把握好以下四个方面:

(1)长期坚持以家庭承包经营为基础、统分结合的双层经营体制是立法的基础。坚持以家庭承包经营为基础、统分结合的双层经营体制是党在农村的基本政策。实行家庭承包经营符合我国的基本国情和农业生产的特点。我国人多地少,仍处于不发达的社会主义初级阶段。把农村土地承包给农民实行家庭经营,既能发挥我国农民勤劳智慧和精耕细作的传统,又能以土地为基础建立基本的生活保障,为今后长期发展提供前提和条件。

(2)赋予农民长期而有保障的土地承包经营权是立法的根本。《中华人民共和国农村土地承包法》的核心是赋予农民长期而有保障的土地承包经营权。为了保持土地承包经营权的长期稳定,《中华人民共和国农村土地承包法》一是明确了农民获得土地承包经营权的长期性。法律规定耕地的承包期为三十年。草地的承包期为三十年至五十年。林地的承包期为三十年至七十年;特殊林木的林地承包期,经国务院林业行政主管部门批准可以延长。二是明确了农村土地承包经营权的具体内容。法律明确规定了发包方和承包方的权利和义务,明确了承包方自承包合同生效时取得土地承包经营权,依法享有承包地使用、收益和土地承包经营权流转的权利,有权自主组织生产经营和处置产品;承包地被依法征用、占用的,有权依法获得相应的补偿等。

(3)维护农村土地承包当事人的合法权益是立法的重点。农村土地承包当事人包括发包方和承包方,维护双方当事人的合法权益是立法的重点。对承包方违反法律规定的行为,发包方有权依法行使自己的权利,维护集体经济组织的合法权益。同时,发包方和国家机关及其工作人员、村民委员会和任何个人侵犯承包方的合法权益,承包方可以拿起法律武器保护自己。

(4)促进农业、农村经济发展和保持农村社会稳定是立法的目的。依法保护土地承包当事人的合法权益,赋予农民长期而有保障的土地承包经营权,归根到底是为了促进农业、农村经济发展和保持农村社会稳定。

以上四个方面是相互联系、相互促进的一个整体,前三者是后者的前提和基础,后者是前者的最终结果。而后者的实现,又会为前者提供进一步完善的条件。归结到一点就是从维护农民的根本利益出发,依法保护和调动农民的积极性。

75.我国选举法经历了怎样的发展历程?

任何事情都有特定的历史背景。宪法的精神要在具体的法律中体现出来,而具体的法律既要依据宪法的精神,又要结合实际。事实上,从我国的历史和现实出发,我们更应该看到我国民主和法治建设的巨大进步。党和政府历来承认平等是选举的一条重要原则。1953年,我国第一部选举法根据当时的实际情况,对农村与城市每一代表所代表的人口数的比例作了不同的规定,即县级为4:1、省级为5:1、全国为8:1。邓小平在关于《中华人民共和国选举法(草案)》的说明中指出:"这些在选举上不同比例的规定,就某种方面来说,是不完全平等的,但是只有这样规定,才能真正地反映我国的现实生活,才能使全国各民族各阶层在各级人民代表大会中有与其地位相等的代表","随着我国政治、经济、文化的发展,我们将来也要采用更为完备的选举制度","过渡到更为平等和完全平等的选举"。本着这个原则,特别是根据我国的实际,我国的选举法得到了逐步的完善。1979年,我国刚刚开始改革开放，社会结构变化不大，所以修改选举法时维持了1953年选举法所规定的各级人民代表大会代表所代表的人口数。1995年修改的选举法将各级人民代表大会每一农村代表所代表的人口数统一规定为城市每一代表所代表的人口数的四倍。改革开放三十年来,我国的社会状况发生了翻天覆地的变化,特别是城市化进程加速、城乡人口比例大大缩小,人民群众的文化素质和民主法治意识普遍提高。在这种情况下,逐步实现城乡同比例选举人大代表就是历史发展的必然趋势。胡锦涛在党的十七大政治报告中提出要逐步实现城乡同比例选举人大代表顺应了这个趋势,是合国情、顺民意的举措。

76.如何认识"城乡同比例选代表"的重大意义?

胡锦涛在党的十七大政治报告中明确提出，今后我国在各级人民代表大会代表的选举中将逐步实行城乡同比例选举。这个建议引起了强烈的反响。人们普遍认为这是中国社会主义民主政治建设的重大进步,是实现政治公平正义的具体举措,也是构建社会主义和谐社会的具体举措。我们应当充分认识这个建议对中国特色社会主义民主政治建设的重大意义,也应当探讨这个建议。

逐步实现城乡同比例选举人大代表是中国特色社会主义民主政治建设的重大进步。人民代表大会制度是我国的根本政治制度，一切权力都来源于人民、属于人民，因此，只要是中华人民共和国公民，无论居住在城市还是乡村，包括选举权和被选举权在内的各种政治权利都是平等的。但是，我国现行选举法第十二条规定：“自治州、县、自治县的人民代表大会代表的名额，由本级人民代表大会常务委员会按照农村每一代表所代表的人口数四倍于镇每一代表所代表的人口数的原则分配。”第十四条规定：“省、自治区的人民代表大会代表的名额，由本级人民代表大会常务委员会按照农村每一代表所代表的人口数四倍于城市每一代表所代表的人口数的原则分配。”第十六条规定：“省、自治区、直辖市应选全国人民代表大会代表的名额，由全国人民代表大会常务委员会按照农村每一代表所代表的人口数四倍于城市每一代表所代表的人口数的原则分配。”这就是众所周知而又为人所非议的4:1原则。我国宪法第三十三条明确规定：“中华人民共和国公民在法律面前一律平等。”公民在法律面前一律平等，理所当然地包含了选举权与被选举权的平等。从任何一个角度看，公民政治权利的平等是其他各种平等的基础。这也就意味着公民政治权利的不平等不仅是各种不平等的反映，也是对各种不平等的强化。我国虽然是社会主义国家，但毕竟仍然处在社会主义初级阶段。因此，毋庸讳言，包括政治地位不平等在内的社会不公正现象依然存在。就是说，我国的法律虽然规定了公民各种权利的平等，但由于各种原因，仍然存在事实上的不平等。存在着不平等并不可怕，关键是要正视并努力消除这些不平等。这也正是我们强调公平正义、建设社会主义和谐社会的现实原因。党和政府强调要依法执政、科学执政、民主执政。依法执政首先要维护宪法的权威，所以，逐步实行城乡同比例选举人大代表是依法执政的一大进步；民主执政首先要确立坚实的民意基础，所以，逐步实行城乡同比例选举人大代表是加强执政的基础，使党和政府的权力更有合法性，是中国民主政治建设的一大进步。

77.什么是"一卡、一证、一手册"?

司法局十分重视农民工进城务工的维权工作，采取多种形式提供法律服务,除对外出民工进行法律知识培训,提供法律援助外,对外出的民工出发前每人送"一卡、一证、一手册",即法律服务联络卡、法律援助受援证、农民进城务工法律知识手册。"一卡、一证"载明了律师事务所、法律服务所、公证处、法律援助中心(站)的电话号码、网址、地址及联系方式,同时特困外出务工人员还可以凭发放的法律援助受援证免费得到任何一家法律援助机构法律援助，有效地维护了农民工的合法权益。这项活动开展以来,受到广大外出务工人员的欢迎 。"一卡、一证、一手册"被农民工称为进城务工的"掌中宝"。

78.如何认识《中华人民共和国劳动合同法》?

为了完善劳动合同制度，明确劳动合同双方当事人的权利和义务,保护劳动者的合法权益,构建和发展和谐稳定的劳动关系,我国制定了劳动合同法。把保护劳动者的合法权益写进法律,这是对其立法目的的明确宣示，表明了国家支持和保护劳动者合法权益的明确态度和立场。

在 2007 年 4 月的《中华人民共和国劳动合同法(草案)》中,其关于立法目的的条文开始接近现在的正式条文。单向倾斜保护开始取得了共识,争议阵地转向具体条文中权利分配的争夺。单向保护取得共识的原因主要有以下几点:

首先,劳动关系的特征决定了劳动合同法的单方保护性。劳动关系具有从属性和非对称性。劳动关系虽然是建立在劳资双方平等协商的基础上的,但是由于劳资双方实力的巨大差异性,这种"平等"非实质的平等;劳动关系建立之后,劳动者将其劳动力交付给用人单位支配,由于劳动力和劳动者人身的不可分离性,对劳动力的支配很容易异化成对劳动者人身的支配。在用人单位的支配下,劳动者在经济上和信息上都处于弱势地位，用人单位可以利用其优势地位任意剥夺劳动者的合法权益。为了平衡劳资双方的实力,我们的劳动立法只能是对劳动者的倾斜保护。

其次,从劳动合同的特征来看,劳动合同法只能是劳动者的单方保护法。劳动合同是规范劳动关系的书面文件,在实际订立时,一般是用人单位提供文本,可以协商的余地比较小,因此,劳动合同具有一定的附和性,依据附和合同的规则,应当在订立和履行过程中,倾斜与保护较为弱势的一方。

再次,从法益的比较来看,应当倾斜保护劳动者。劳方与资方的争论本质上是一种利益之争,是劳方的劳动权(生存权)与资方的投资收益权(财产权)的冲突。在生存利益与其他利益相冲突的时候,生存利益应当处于优先的位置。当广大劳动者在为生存而奔波的时候,应当支持他们的正当诉求!

“构建和发展和谐稳定的劳动关系”,这是劳动合同法最有时代特色的表达,具有浓厚的时代内涵。稳定是中国这个巨大的社会共同体最大的利益需求。我们的基本国策之一就是维护社会的稳定,在稳定中求发展。而目前,中国社会的最大危机就是日益激烈的劳资冲突,如果整体的劳资阶层出现断裂(决裂),这个社会不知会怎样。构建和发展和谐稳定的劳动关系,是国家从宏观社会需求角度对劳动合同法的社会责任的期待。

79.什么是农地流转?相关的制度是如何规定的?

农地流转是指农户将其承包地的经营权转让给其他农户或经济组织并取得一定收益的行为。农地流转保留了在承包期内的土地承包权,只转让承包地的经营权。

土地流转是农户土地承包经营权的流转。《中华人民共和国民法通则》第二十七条规定了农村家庭承包经营户(简称农户)的法律地位,赋予农户权利。《中华人民共和国土地承包法》第十五条规定,家庭承包的承包方是本集体经济组织的农户,《中华人民共和国物权法》第一百二十五条规定了土地承包经营权属于用益物权的性质。其特征是:土地承包经营权主体限于农村集体成员或者说农村家庭承包经营户；土地承包经营权客体具有广泛性；土地承包经营权内容是对土地通过农业生产的方式加以利用，是权利人对土地的支配方式；土地承包经营权属于物权。农村土地家庭承包经营是我国农村经营体制的基础，是以家庭即农户为单位的，人人有份的土地承包，这是对农村集体经济组织成员的生存权的确认，即具有社会保障和福利的性质，以承包地作为广大农民生活的基本保障手段。土地承包经营权的流转种类，有转包，租赁等。转包是同一村集体成员之间的转让承包权的方式，出租比转包的关系要复杂些。出租属于债权性质的契约，农户的法律地位未变，只不过农户对土地承包经营权内容的债权进行了暂时的部分让渡。这种部分债权让渡仅有相对权，而没有绝对权，因此，对外行使权利主体仍为农户。土地承包经营权属于用益物权，通俗地说也是永耕权，农户是用益物权的主体，农户作为权利人直接支配物的使用价值的物权，权利人可以对物加以占有、使用、收益。包括使用利益，天然孳息和法定孳息。农户出租行为属于自主经营的一种方式，这是农户对土地承包经营权内容行使权利的表现，农户行使土地承包经营权自主经营中，并存着两种法律性质，物权性质的承包经营权与债权性质的经营权。农户之间转包土地的属于物权性质的承包经营权的流转，流转主体应限制在农户之间，属于发包方内的集体成员之间，而出租则是承包方在承包期内保留物权性质土地承包权情况下，通过合同分离出部分民事债权给承租方的行为。出租合同实质上是部分债权让渡的契约，没有让渡的权利或约定不明的让渡仍归于原权利人，即出租人。

把农地流转放在中国工业化已经进入中期发展阶段的背景下来认识、来统筹实施，才能看出其深远的意义，才能寻求到长期有效的方式。农地流转的目的是促进农业现代化和城乡协调发展，使农民过上像市民一样的小康生活，因此必须以统筹城乡发展的思想统领农地流转。放在我国工业化发展进程的背景下来看，我们就可以看到当前的农地流转是一个牵动工农、城乡全盘发展的关键。

80.土地流转与农地承包权流转有何区别?

广义的土地流转不只是指土地权利人的变更行为，它是指发生在三类土地之间的及其内部的用途变更、权利变更和价值实现行为。狭义的土地流转仅指土地的权利变更和价值实现两类行为。广义的类间流转包括农用地与国有建设用地间的流转、农用地与集体建设用地间的流转和未利用地流转三类。广义的类内流转包括农用地类内流转和建设用地类内流转两类。

按《中华人民共和国农村土地承包法》和《最高人民法院关于审理涉及农村土地承包纠纷案件适用法律问题的解释》(2005 年 9 月 1 日起施行)分析可知,农村土地承包方式主要有两类:其一是家庭承包；其二是其他方式承包。家庭承包是指对具有社会保障性质的耕地、林地、草地,以集体内部家庭(农户)为经营单位,按照公平优先的原则进行的承包,包括耕地承包权、林地承包权和草地承包权,他们属于物权。其他方式承包是指除家庭承包外,不宜采取家庭承包方式的荒山、荒沟、荒丘、荒滩、园地、养殖水面等农村土地,通过招标、拍卖、公开协商等方式,按照"效率为主,兼顾公平"的原则进行的承包,属于债权,对以法登记的其他方式承包则实行物权形式的保护。农地承包权间流转包括家庭农地承包权间流转和其他方式承包权与家庭农地承包权间流转。耕地承包权与林地承包权和草地承包权间的流转,大多数是伴随耕地变为林地、草地发生的,这种流转必须符合国家的退耕还林、还草政策。

除继承与赠与外,现阶段农地流转有转包、出租、互换、转让、股份合作五种形式。转包或出租是指承包方将一定期限内的部分或者全部土地承包经营权的部分权能让渡第三方的行为，承包方与发包方的承包关系不变,只发生转包或租赁等费用的价值转移,不发生权属变更;承包方之间为方便耕种或者各自需要,可以对属于同一集体经济组织的土地的土地承包经营权进行互换，涉及权属变更和价值实现转移；转让是指将全部或者部分土地承包经营权给其他从事农业生产经营的农户,由该农户同发包方确立新的承包关系的行为,该类方式法律要求必须进行权属变更和价值实现转移；承包方之间为发展农业经济，自愿联合将土地承包经营权入股从事农业合作生产的方式属于承包权股份合作,不需要进行权属变更和价值实现转移。

81.《殡葬管理条例》的基本精神及其局限是什么?

为适应改革开放和建立社会主义市场经济体制的新形势，强化殡葬管理,全面推进殡葬改革,促进社会主义精神文明和物质文明建设,民政部在《国务院关于殡葬管理的暂行规定》的基础上,起草了《殡葬管理条例》。该条例从体例和内容上看,是一部比较完善、比较系统,具有较强适用性和可操作性的殡葬管理法规。它进一步明确了新时期殡葬管理的方针，突出了促进两个文明建设尤其是节约殡葬用地的规定,增加了殡葬设施和殡葬设备、用品管理的规定,设定了殡葬行政处罚及行政强制性措施,比较全面、系统地规范了殡葬管理工作,为新时期全面加强殡葬管理提供了重要的法律依据。

现行的《殡葬管理条例》条文只有二十四条,而且规定的内容相对简单,对于殡葬市场的运作与管理并没作出完善的规定。在实际操作中遇到的问题,如死亡证的出具、回族火化问题、公墓管理、尸体保存和出境运输等仅以行政规范性文件的形式下发，缺乏严肃性和法律效力,不能满足我国现阶段殡葬发展的需要。现行的《殡葬管理条例》对于殡葬过程中的很多重大问题没有作出明确的规定,存在很大的漏洞和刑事犯罪的隐患。

由于现行的《殡葬管理条例》对于办丧者、殡葬服务机构、殡葬监督机构的权责没有作出明确的规定，殡葬监察机构对于殡葬服务机构的管理手段是有限的,有时甚至是苍白无力的。此外,由于现行法律没有明确丧属与殡葬服务机构的权责，在办丧过程中，常常造成"公说公有理,婆说婆有理"的现象,丧主与殡葬服务机构之间经常出现摩擦甚至是冲突,我国涉及无名尸体、殡葬收费、殡葬过失责任的民事纠纷呈逐年上升趋势。

82.新集体林权改革的背景和政策依据是什么？

三十年前，中国政府决定实行农村家庭联产承包责任制，把18亿亩耕地承包到户，实现了田有其主，极大地解放了农村生产力，有效解决了中国13亿人口的吃饭问题，给中国经济社会带来了历史性的巨大变化。2008年6月8日，在迎来改革开放三十周年之际，中共中央、国务院颁发《关于全面推进集体林权制度改革的意见》，意义十分重大，影响十分深远。《关于全面推进集体林权制度改革的意见》分五个部分、二十一条，第一部分从四个方面深刻论述了集体林权制度改革的重大意义，明确指出，集体林权制度改革是稳定和完善农村基本经营制度的必然要求，是促进农民就业增收的战略举措，是建设生态文明的重要内容，是推进现代林业发展的强大动力。这是中国深化农村改革的又一重大战略决策，也是对改革开放三十周年的最好纪念，具有十分重大的现实意义和极其深远的历史意义。在中国农村进入新一轮改革发展的今天，中国政府又作出全面推进集体林权制度改革的战略决策，决定把25亿亩集体林地承包到户，实现山有其主，必将极大地调动广大农民耕山致富的积极性，实现中国农村生产力的又一次大解放，成为中国农村改革的又一座新的里程碑。

《中共中央国务院关于切实加强农业基础建设进一步促进农业发展农民增收的若干意见》。这是继2004年以来，中央连续第五年制定指导“三农”工作的“一号文件”，也是改革开放以来第十个以“三农”问题为主题的中央“一号文件”。2009年的中央“一号文件”继续对生态建设和集体林权制度改革给予关注。集体林权制度改革自2006年以来连续三年成为中央“一号文件”部署的农村改革工作重点之一。“一号文件”要求，全面推进集体林权制度改革。在坚持集体林地所有权不变的前提下，将林地使用权和林木所有权落实到户。在不改变林地用途前提下，承包人有权依法处置林地使用权和林木所有权，可依法自主经营商品林。积极推进林木采伐管理、公益林补偿、林权抵押、政策性森林保险等配套改革。切实加强对集体林权制度改革的组织领导，加大财政支持力度，确保集体林权制度改革顺利进行。稳步推进国有林场和重点国有林区林权制度改革试点。集体林权制度改革的重点是明晰农民对林地的使用权和林木的所有权，放活经营权，落实处置权，保障收益权，建立以家庭承包经营为基础、多种经营形式并存、责权利相统一的农村林业经营管理新体制，使“山有其主，主有其权，权有其责，责有其利”，“山定权，树定根，人定心”。集体林权制度改革给林业和农村经济社会发展带来的深刻变化，最突出的有两点：资源明显增加，农民明显增收。《中共中央国务院关于全面推进集体林权制度改革的意见》，是在新的历史起点上，党中央、国务院作出的深化农村改革的又一重大战略决策，是指导集体林权制度改革的纲领性文件，为新时期林业改革与发展指明了方向。

83.如何认识应在农村实施十二年制义务教育的建议？

十二年制义务教育，是指从小学到高中阶段的十二年。义务教育是一个国家对国民教育的责任实现得怎么样的重要体现。现在不少国家都已经实现十二年制义务教育，而我国 1986 年全国人大通过义务教育法规定，国家实施九年制义务教育。如今二十多年过去了，社会经济的发展对国民素质的提高有了新要求，并且国家的经济实力已经有了很大提高，国家已经能够对国民教育尽更大的责任。因此，我国有必要实施十二年制义务教育。强调在农村实施十二年制义务教育，是由于在农村实施十二年制义务教育显然比城市更为迫切，同时并不意味城市不该实施十二年制义务教育。因此，主张在农村实施十二年制义务教育，意思是如果国家不能做到全面实施十二年制义务教育，那就应该首先在农村实施十二年制义务教育。

九年制义务教育在国家宣布全面免费后，农民在子女教育上的负担大大减轻了。由于大学毕业不包分配以及大学扩招引出的大学毕业生就业难、农村打工潮等因素影响，农村孩子在九年制义务教育之后继续上高中需要支出的费用可能会让一些人感到不值得。对社会而言，可能会因此失去很多优秀人才苗子——要知道，今天各行各业的优秀人才，很多是来自农村，如果现在的农村孩子们由于对前途的无望不再上高中进而上大学,就意味着大量的人才苗子的流失。

现实地讲,现在城市工人大量是农民工,如果大量农村孩子放弃接受高中以至于大学教育机会直接外出打工，也将使城市难以获得较高文化层次的雇工,难以适应产业升级的需要。因此,主张在农村实施十二年制义务教育，使所有农村孩子从小学到高中都能够免费上学。这样,不但可以使农村家庭不会担心子女上高中“白花”费用,而且会给他们带来希望。免费上了高中,便有机会参加高考;考上大学,将给他们带来更多的发展机会。即使考不上,多念几年书也不亏。而多掌握文化知识,对这些农村孩子来说,无论回家务农还是外出打工,都有好处。对于社会,则可能发掘和培养更多的优秀人才,至少可以大大提高劳动者的文化水平。从现实来说,十二年制义务教育对农村是雪中送炭,对城市则是锦上添花。

84.什么是“农转非”?

所谓“农转非”是指,由农业人口转为非农业人口,或由农业户口转为非农业户口，并由国家按照市镇粮食定量供应办法供应口粮的一项重大的社会经济政策。“农转非”和“粮票”关系密切,在某种意义上甚至可以说是一脉相承。然而“农转非”不像“粮票”那样通俗易懂。其实“粮票”和“农转非”都源于20世纪50年代中国的户籍制度。当时国家把全国人口划分为城镇居民和农民这两大类，分别登记为城镇居民户口和农业户口,同时对粮油实行统购统销政策,规定由国家统一收购农民种的粮食，由国家统一销售给城镇居民和不种庄稼的农民,分别称为商品粮和定销粮。也就是说,不允许粮食在市场上自由流通,生产粮食的农民不得在市场上自由出售粮食,工人、学生、士兵及其他城镇居民也不能在市场上自由购买粮食。这样一来种庄稼的农民只能吃自己种的粮食,不种庄稼的农民可以吃定销粮,而城里人吃商品粮。而为了便于城镇居民在国内合法交往,如出差,调动,探亲,旅游,国家又像发行钞票一样发行粮票,在全国流通,城镇居民中凡遇出差、调动、探亲或旅游,可以随身携带粮票在沿途各地吃饭,否则便寸步难行。大多数农民吃的粮食只能靠自己种,他们手里没有粮票,要进城还得带米去,所以这种政策就严格限制了农村人口流入城市。由此可见,粮票是中国独特的户籍制度的必然产物。但是要绝对禁止城乡交流是不可能的,因为国家要征兵,企业要招工,大专院校要招生,而新兵、新生和新工人大部分来自农村。为此有必要把他们的农业户口转变为城镇居民户口,目的当然是为了解决他们的吃饭问题。城镇居民户口也叫做非农业户口,把农业户口转变为城镇居民户口,就简称为"农转非"。

85.为什么土地私有化不能解决中国农业问题?

"三农"问题不只是我国才有的现象,而是多数发展中国家普遍、长期存在的问题。近年来理论界很关注"三农"问题,但不少学者却继续以西方的理论逻辑来套用于国情不同的本土问题。西方学术界主流提出的"土地私有化+流转市场化必然导致农业规模经营"的思想,在国内得到普遍呼应,除了利益集团背景之外,部分原因是其在理论逻辑上确实很完整;但把这种理论逻辑直接套用在发展中国家的"三农"问题上,则显然缺乏经验依据。反而是几乎所有人口过亿的大型发展中国家,在继承或采行西方制度之后,普遍受制于耕者无其田和城市贫民窟化,并由此造成社会动乱。这种"土地私有化+流转市场化必然达成土地规模经济"的逻辑,不足之处在于缺乏发展中国家和东亚国家的经验依据,无论在漫长的历史进程中,还是在具体的现实变化中,都很难找到支持这个逻辑的客观经验。

在那些继承殖民当局制度遗产,践行"私有化+市场化"教条的发展中国家,目前尚找不到农业现代化和土地规模经济能够成功解决本土问题的范例。而相对获得成功者,恰恰正是不遵循这一理论逻辑的结果。不论是印度、孟加拉、印尼,还是墨西哥、巴西,发展中的人口大国面临的共同困境,都是在工业化进程中无法获得外部积累和向外部转移成本,只能从内部主要是"三农"获得资本原始积累,只能在内部消化制度成本。另一方面,失地农民大批涌进城市而难以就业——实现的不是城市化而是城市贫民窟化。按照西方理论逻辑践行"土地私有化+流转市场化"的结果,无一不是贫富两极分化,农村贫困地区游击战,城市贫民窟黑帮泛滥,甚至走向恐怖主义。完全实行土地私有化,即使土地资源丰富,实现了规模经营,如果缺乏对外转移工业化制度成本这一条件,那么"三农"问题也会依旧存在。最典型的如印度。印度与中国同属全球最大的发展中国家,印度耕地占比和人均耕地都多于中国,农业自然条件也优于中国。但是,土地私有化和市场化的自由流转给印度带来的,一方面是地主和种植园主土地所有制条件下有三分之一农民没有土地,另一方面出现了农村游击队和城市贫民窟。

因此,在中国人口中占最大多数的农民,有两个自由需要得到保障——不仅需要自由地进城务工经商,也需要自由地返乡务农谋生。只有进入与退出这两个自由得到保护,社会才能保持稳定。因此,目前中国农村形成的这种基本制度,是经过长期实践检验的、总体上符合中国国情的制度。

86.为什么要实行"基本农田建设集中投入制度",具体包括哪些内容?

所谓基本农田,是指根据一定时期人口和国民经济对农产品的需求以及对建设用地的预测而确定的在土地利用总体规划期内未经国务院批准不得占用的耕地,是从战略高度出发,为了满足一定时期人口和国民经济对农产品的需求而必须确保的耕地的最低需求量,老百姓称之为"吃饭田"、"保命田"。为确保粮食安全的物质基础,加强基本农田保护,国家将在公共财政、新增建设用地土地有偿使用费和土地出让金基础上建立稳定的基本农田建设集中投入制度。

国土资源部在解读《全国土地利用总体规划纲要(2006—2020年)》加强基本农田保护方面的新举措时表示,基本农田是耕地中的精华,全国现有基本农田几乎承担了全部的粮食生产任务。《全国土地利用总体规划纲要(2006—2009年)》对基本农田质量首次提出定量化的划定依据和考核标准，对非农建设确需占用基本农田的提出"先补后占"原则，与此同时确定了国家加强基本农田建设的集中投入制度。我国现有基本农田中，中低产田约占七成，基本农田利用不充分，农田基础设施条件较差。由于保护责任未完全落实，管理制度和手段不完善，利益机制不健全，直接影响到地方政府履行责任和广大农民保护基本农田的积极性。在国家用于反哺农业、反哺土地的资金越来越充足情况下，《全国土地利用总体规划纲要（2006—2020年）》提出健全基本农田保护的经济激励和制约机制，加大非农建设占用耕地特别是基本农田的成本，加大对耕地特别是基本农田保护财政补贴力度，将耕地保有量和基本农田保护面积作为国家确定一般性财政转移支付规模的重要依据，实行保护责任与财政补贴相挂钩。同时探索建立耕地保护基金，落实对农户保护耕地的直接补贴，充分调动农民保护耕地的积极性。

国家基本农田建设集中投入制度具体包括三个层面：一是要加大公共财政对粮食主产区（主产县）和主要农业生产基地基本农田保护区建设扶持力度。二是在充分用好新增建设用地土地有偿使用费和土地出让金基础上，争取政府支持，多层次多渠道筹集资金，与农业综合开发、耕地质量建设、农田林网建设等相结合，争取各类农业和水利建设资金，按照地方政府统一规划、分步实施、部门管理、项目运作原则，向基本农田保护区倾斜。三是制定扶持政策，积极鼓励农民自愿出资出劳，建设高标准基本农田。

87. 如何认识《大宗农产品进口报告和信息发布管理办法（试行）》？

为了维护对外贸易秩序，保护经营者的合法权益，提供大宗农产品进口信息服务，根据《中华人民共和国对外贸易法》、《中华人民共和国货物进出口管理条例》及其他有关法律法规，商务部制定了《大宗农产品进口报告和信息发布管理办法（试行）》。该办法所称大宗农产品系指生产量、消费量、贸易量、运输量等较大的关系国计民生的农产品。《大宗农产品进口报告和信息发布管理办法(试行)》于2008年8月1日起正式实施。该办法是应国内广大企业的要求而制定的,是对外贸易管理方式的一次创新。随着我国加入WTO过渡期结束,我国实行关税配额管理的农产品进一步减少。面对全面开放的农产品市场,迫切需要转变观念,创新管理模式。近几年,国际农产品市场波动频繁,在实际进出口贸易中,我国一些企业国际市场经验不足,信息掌握不够全面,盲目订货和进口,国际市场发生变化后,造成很大损失,还导致了不少国际贸易纠纷,耗费大量人力、物力和时间,很多中小企业被迫破产倒闭、被兼并和重组。因此,很多企业迫切需要政府和商业协会加强指导,建立起统一、权威、准确的农产品进口信息发布渠道,提供相关信息。

制定该办法旨在为企业提供及时、全面、准确的信息服务,减少进口的盲目性;为政府部门的宏观决策提供依据;转变政府职能,从原来的单纯的管理型向管理、服务型过渡;提高行业凝聚力,加强行业自律。该办法的意义在于:这是我国对外贸易管理方式的创新,体现了政府职能的转变;有利于进口企业掌握市场整体情况,增强对市场分析、判断和把握的能力,适时调整进口节奏,避免集中到货,规避市场风险;信息"从企业中来,为企业服务",实现了信息共享;有利于政府加强市场宏观导向,促进行业的健康发展。

【实例1】广西农机投诉案例活动进农户

农机质量问题,不仅关系到农业生产安全,而且直接关系到农民增收和农村社会稳定。广西消费者协会农机产品监督投诉站自1999年成立以来,在广西消费者协会的指导下,公正地切实维护农民的合法权益,热情地受理农机投诉并积极开展维权进农家的活动,用实际行动服务于农业、农村、农民。

2004年9月17日,广西消费者协会和广西农机化管理中心联合开展农机"维权进乡村、服务于三农"活动。农民吴式宽于2004年6月30日在广东某厂购买了1台联合收割机,在使用中发现该机多处机件磨损及残旧现象。吴式宽数次向该公司反映未果,于是向广西消费者协会农机产品监督投诉站提出书面投诉，广西农机投诉站当即受理了此案。在广西消费者协会的指导和桂平市农机化管理中心的协助下，广西农机投诉站以农民利益为己任，上桂平，下广东，检查机器，调查情况，协调当事双方，几经周折，历时两个月，于9月6日帮助吴式宽退了货索回购机款44000元，并索回各项经济损失4200元。为表示感谢，农民吴式宽满怀敬意地分别向广西消费者协会、广西消费者协会农机产品监督投诉站、桂平市农机化管理中心赠送了锦旗。

【实例2】一民工提着煤气罐上门讨工资被判刑

民工维护自己的合法权益，应采取正当合法的方式，一些过激的行为则会适得其反。湖北籍男子田某最近就因为提着煤气罐上门讨工资，被浙江省永嘉县人民法院判刑。田某曾在永嘉县一电子机械有限公司工作多年，2006年9月中旬离开该厂后曾多次催讨自己的工资，但都没有结果。2006年10月15日上午，田某再次来到原来工作过的这家电子机械公司讨薪，仍遭到公司负责人吕某的拒绝。于是，田某从其暂住处拿来一瓶5千克装的煤气罐（内有约1.5千克煤气），回到吕某办公室。当在场的员工上去劝阻时，田某便打开煤气罐阀门，手拿打火机威胁吕某结算工资。吕某见状，答应给其结算工资，在稳住田某的情绪后，公司员工夺下了煤气罐。

永嘉县人民法院审理后认为，田某的行为已构成以危险方法危害公共安全罪。鉴于田某的行为尚未造成严重后果，且田某认罪态度较好，有悔罪表现，遂从轻判处田某有期徒刑3年、缓刑3年。

【实例3】法院专设合议庭为农民工维权

合肥市中级人民法院日前在安徽省率先设立农民工维权审判合议庭，专事审理有关农民工权益纠纷案件，为农民工打官司开通“绿色通道”。针对岁末年关农民工权益纠纷增多的情况，合肥市中院要求全市两级法院分别成立审理涉及农民工权益案件专门合议庭，由各法院选任审判骨干为合议庭成员，专事审理有关农民工权益纠纷案件。针对农民工文化程度相对较低、诉讼能力弱等情况，法院立案时加强诉讼指导和风险提示，引导农民工依法维权，并向社会公布各院专线电话，为农民工打官司开通“绿色通道”。

合肥市中院要求对涉及农民工权益的案件，都按照“快立案、快审理、快执行”的原则进行处理，对已受理而未审结的或未执结的案件，要及时审结、限期执结；加大执行力度，穷尽执行手段，保证案件的顺利执行。同时，为保证农民工当事人打得起官司，合肥市中院对农民工当事人提出的申请缓、减、免交诉讼费用的，凡符合条件即予准许；对于事实清楚、法律关系明确的案件，农民工当事人申请财产保全或先予执行，但提供担保确有困难的，人民法院可免除农民工当事人的担保义务，裁定财产保全或先予执行；涉及农民工权益的执行案件，及时立案，不预收申请执行费；案件执行完毕后，申请执行费从执行款中直接扣除。

【实例 4】在民工病床前开庭为其讨回 8 万伤残补偿金

2007 年 2 月 9 日，农民工胡水三要回到他阔别已久的家乡重庆巫溪，虽因伤残行动还不方便，但此刻他的心里无比激动和兴奋。因为就在 8 日，海口市秀英区永兴法庭的法官们专程将巡回法庭设在了他住的工棚，为他讨回了 8 万元事故伤残补偿金，圆了他回家过新年的梦。

胡水三 10 年前从重庆来到海南打工，2006 年 6 月 8 日在海口市秀英区一采石场凿石时，头顶上方一块石头突然掉了下来，砸中其腰部及大腿，他当场晕厥过去。经过抢救，胡水三脱离了生命危险，但是他的脊椎骨裂、大腿骨折。在医院住院治疗了 87 天，采石场老板为他支付了 6 万多元医疗费，胡水三就拖着仍不能动弹的病躯出院了，回到他采石场的工棚疗养。

2007 年 2 月 7 日下午，胡水三托他的工友，试着给海口市秀英区永兴法庭打了个电话，表达他想通过法庭索要 8 万元补偿金的想法。“当时打电话的时候，正值下班时间，没想到庭长王再燕了解情况后，不但答应了我的请求，还考虑到我行动不便，决定将巡回法庭‘搬’到我住的工棚里来，现场开庭。”胡水三激动地说，“我做梦也没有想到法官会作出这样的决定!”

8日上午10时，王再燕带领法官们赶到胡水三住的简易工棚，并宣采石场陈老板到场，当场立案并进行调解。面对胡水三的索赔要求，陈老板并没有一口回绝，他同意再给8万元补偿金，但担心胡水三以后会经常找他索赔，就此法官们展开了调解工作。在调解现场，法官们耐心地向胡水三讲述了对于此类伤残事故他可以享有的权利以及日后有可能出现的种种问题，让胡水三一定要考虑清楚。经过法官们近一小时的耐心调解，胡水三最终与陈老板达成调解协议：采石场再付给胡水三医疗费、生活费等各种费用共计8万元，胡水三不再就此事向他索赔。最终调解结果，双方均感到满意，陈老板当场拿出8万元现金交给胡水三，并主动承担了原本应各付一半的2910元诉讼费。本案之所以能够在一个小时内案结事了，一是法官们把法庭设到床头，并适用了简易程序审理；二是基层法官事先做了大量协调工作，达到了法律效果与社会效果的“双赢”。

第四章　司法护航

【导言】优质便捷高效的司法机关及其保障措施是法制在应对“三农”问题中的一个重要环节，通过发挥司法救助、诉讼调解、审判监督、权利救济、法制宣传，以及营造公平、公正、合理的法律环境等方面的作用，司法对于解决人们在社会生活中的利益矛盾与冲突，维护农民群众的合法权益，惩处损害农民合法权益的犯罪活动、保持农村社会秩序的持续稳定具有重要的意义。因此，如何结合我国的国情和农村社会的实际，为广大农民群众提供优质便捷高效的法律服务和法律保障是司法机关在解决“三农”问题和社会主义新农村建设中必须面对的问题。

这其中涉及的问题有：涉农案件与其他案件有什么区别？司法机关在处理涉农案件时是采取“坐堂问案”还是“送法下乡”？是抗辩制还是所谓的讯问制？当国家的正式法律与民间规范冲突了我们怎么办？如何穿行于法律与民俗之间？甚至还包括在乡村社会我们需要什么样的司法机关和司法人员或在乡村社会何为合格的司法机关和司法人员？应该说，现阶段我们的司法机关在应对这些问题时已作出了很好的探索，“司法进万村，服务惠三农”、“送法下乡”、“便民诉讼服务点”等活动的开展即是此例，这其中也涌现出了如山东夏津法院、河南新野法院等一大批典型。这些经验与典型需要我们认真总结与学习，并进而应用于农村社会的司法实践，但现阶段仍有许多问题需要我们深入思考与探索。唯有如此，才能发挥司法机关保驾护航的作用，才能推动“三农”

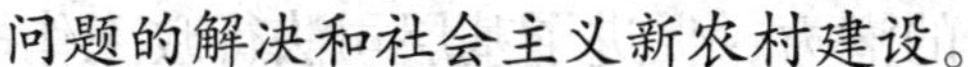

问题的解决和社会主义新农村建设。

88.如何认识“司法进万村，服务惠三农”的重大意义？

近年来，一些地方司法行政机关紧紧围绕解决三农问题、服务新农村建设这一中心任务，开展了形式多样的“司法进万村，服务惠三农”活动，活动通过各种有效形式，把律师、公证、法律援助、司法鉴定、基层法律服务等各种资源、各项工作整合起来，形成法律服务、法制宣传、法律援助等多位一体的“大服务”格局，受到了广大农民朋友的热情关注和积极评价，具有重要的现实意义和深远影响：

（1）“司法进万村，服务惠三农”为农村发展提供了优质便捷高效的法律服务和法律保障。“进万村”活动通过法律服务、法制宣传、法律援助等多种形式，充分调动了司法行政系统各种优质资源向服务“三农”倾斜，促使了司法行政机关为农民群众提供高效便捷的法律服务的水平和能力。通过“进万村”活动，农民群众在寻求法律帮助、获悉法律问题上更加方便。

（2）“司法进万村，服务惠三农”维护了农民群众的合法权益，保持了农村秩序的持续稳定。通过开展“进万村”活动，农村群众的法律素质、遵纪守法意识、权利义务观念明显增强。其对法律的陌生感和距离感有了很好的改善，他们的合法权益也得到了更好的维护。同时，通过开展“进万村”活动，农村的秩序也得到了稳定。过去，一些农民因为矛盾和纠纷，动则围堵县委、县政府门口的现象逐渐消失了，一些历史遗留下来的问题也不同程度地得到了解决，农村秩序发生了历史性变化。

（3）“司法进万村，服务惠三农”落实了“司法为民”的要求，拓宽了司法行政机关的发展空间和服务领域。“进万村”活动通过广泛宣传基层司法行政工作服务“三农”，为农村发展提供高效便捷法律服务的生动实践，大力延伸了基层司法行政工作触角，促进了司法行政工作向基层一线、向广大农民群众延伸，促使基层司法行政职能得到更加充分的发挥，充分调动了基层司法行政工作的内在动力，有效释放基层司法行政工作所蕴含的潜力，促进了基层司法行政工作职能作用的发挥。这有利于集中展示司法行政机关为广大农民群众办实事、办好事的良好精神风貌，进一步提升司法行政工作的社会影响力。这也促使基层司法行政工作更好地肩负起了为党委政府密切联系基层、联系群众的桥梁纽带作用和责任，使司法行政工作真正走进千家万户，在群众心中扎下根来，成为他们生产生活中不可或缺的好朋友、好伙伴。

89.人民法院审理农村土地纠纷案件时应注意哪些方面？

土地是农民的衣食之源、生存根本。近年来，随着我国农业税费及粮食补贴政策的调整，农民因土地获得收益增多，引发诸多土地利益之争，争议类型主要有土地权属纠纷、承包合同纠纷（含发包、土地承包经营权流转合同纠纷）、因土地征收、征用引发争议、侵权等。这类案件事关农民土地承包经营权的保护和农村社会的稳定，政策性强，法律、法规繁杂，人民法院在审理这类案件中基本立场主要有以下方面：

（1）要稳定大局，追求法律效果和社会效果的统一。农村土地纠纷，尤其是群体性纠纷，矛盾复杂尖锐，不仅涉及法律问题，而且还涉及党的“三农”政策，有时并不是依靠法律就能调节了的，需要人民法院与有关部门通力合作、群策群力，争取实现办案的法律效果与社会效果和政治效果的有机统一。这就要求人民法院在审理这类案件时顾全大局，不是机械执法，而是把审判工作与构建和谐社会和稳定大局统一考虑，对发现的一些不属于法律调整范畴的社情民意和案外矛盾，如借助土地纠纷操纵选举等苗头现象，及时向县委反映、通报乡镇党委，并把事情的真相告之参与群众，协助党委政府解决纷争，以彻底平息矛盾。

（2）要加强调解结案。土地纠纷由于人数众多，处置不当就会发生群众情绪失控的混乱局面，引发群体性事件，个案的审理易引发连环诉讼，矛盾易激化，甚至发生围攻、殴打法官，冲击政府和司法机关等突发性事件，不利于农村社会的稳定。同时，此类纠纷中的法律漏洞较多，法律规定不明晰，处理难度较大。诉讼调解能化解夙愿、减少对抗，缓解执行难现象，有效减少涉法上访或缠讼，因此，人民法院在审理农村土地纠纷案件中大多强调“能调则调，当判则判，调判结合，案结事了”的原则，坚持多调少判、能调不判、先调后判，将调解贯穿诉讼乃至执行的始终，努力化解矛盾，充分发挥县、乡领导和村干部以及当事人亲戚朋友等在化解矛盾中的积极作用，开展借力调解，努力促成双方以调解方式解决纷争，严防民间纠纷激化引起群体性事件。

(3)要坚持依法办案，慎重处理。人民法院对于农村土地纠纷，应力求慎重立案，对属于法院受理的土地侵权、土地承包合同等纠纷，充分保护当事人的诉讼权利，依法及时立案受理，防止久拖不决激化矛盾，引发群众上访或影响农业生产。同时，人民法院在审理农村土地纠纷案件中应讲究办案策略、技巧和工作方式方法，努力做通做透农民的思想工作，引导群众依法解决纠纷，对群众围攻法官和妨碍春耕生产的行为，保持克制忍让，避免与群众发生肢体接触和正面冲突，对那些严重妨碍先予执行裁定和带头闹事的个别当事人择机采取强制措施，以达到维护法律尊严和社会震慑作用，争取办案的主动权，及时消除一些群众认为法律软弱和因“罚不择众”而产生的抗拒法律的侥幸心理，最大限度地防止矛盾激化，避免事态升级扩大。

(4)要以农为本，不误农时。“人误地一时，地误人一年。”农村土地纠纷案件的审理不仅受审判周期的限制，而且更受农时季节的限制，处理不当就会影响农业生产。为此，人民法院在审理农村土地纠纷中，应坚持以农为本，本着有利于生产的原则，千方百计抢时间加快办案节奏，提高工作效率，做到快审快结，避免因诉讼环节拖拉和案件久拖不决而贻误农业生产。对于农事非常紧急的案件，应果断采取先予执行措施，及时裁定一方先行组织生产，以避免土地撂荒，贻误农时，造成不必要的损失。因耕作的季节性强，农地纠纷的发生可能会影响农作物生产，因此，在案件审理中要强调稳定生产，尽量减少因纠纷对农业生产造成的影响。对可能会影响生产的，一般裁定先行恢复生产，承包方恢复生产确有困难或者拒绝恢复生产的，由发包方组织先行恢复生产，恢复生产所发生的费用，由过错方承担。

90.为什么要“送法下乡”?

(1)农村社会获取法律服务困难是“送法下乡”的前提条件。党的十一届三中全会以后，我国逐渐走上了发展和富强的道路。经济体制改革的不断深入，极大地解放和发展了生产力，使我国的综合国力得到了加强，人民群众的生活水平也得到了大幅度的提高。但是，我们应当看到，农民的受教育情况与法律素质和经济状况仍然不能适应建立在工业化经济基础之上的现代司法的要求，打官司难或打不起官司以及如何打官司，仍然是农村当事人中存在的一大现实问题。因此，如果此时的司法机关依然“高高在上”“坐堂问案”，当事人往往会因客观条件、自己的知识、信息不完全导致无力诉讼，失去本可以获得的利益。“送法下乡”进行的目的就是为农民群众提供便捷的法律服务，方便农民群众诉讼，及时解决村民之间的矛盾和纠纷，提高农村人口的法律意识，维护农民群众的合法权益。

(2)强化国家法律在农村社会的影响力和权威是“送法下乡”存在的重要原因。现阶段在广大的农村社会中，人们的行为更多地受长期形成的人情、礼俗、宗法、习惯、伦理、道德等东西的影响，甚至可以说这些东西在农村社会的影响力大于国家法律的影响力，村民们遇到纠纷矛盾很少求助于国家法律。这导致国家法律在乡村社会中影响力很低，未达到应有的权威。尤为重要的是，在乡村社会中一些礼俗、宗法、伦理、道德本身就包含着一些不合理、违背现代法治精神的因素，如男子特权、赔命价、出嫁女剥夺土地承包经营权。村民们依据这些东西解决问题，往往使自己的权益得不到维护。由此，国家法律为了强化自己及其配套运作载体在乡村社会的影响力和权威，于是通过“送法下乡”的形式，使乡村群众有了法官就在身边、法律就在身边的感觉，农民在旁听案件审判的过程中也了解了法律、认识了法律,他们的法律意识也不断提高,他们逐渐懂得如何用法律武器来捍卫自己的合法权益，同时也认识到侵犯别人的合法权益是要受到法律的制裁的。长期下去,国家法律及其配套运作载体在乡村社会的影响力和权威就会逐步提高和强化。

(3)及早化解纠纷、维护农村社会稳定是“送法下乡”的另一个原因。现阶段,随着农村社会的发展,村民之间因利益调整、利益冲突造成的矛盾、纠纷也日益多样,村民们对法律知识掌握得相对较少,对于如何诉讼、如何才能得到公正的裁判,许多群众是陌生和没有经验的,因此,他们很容易采取过激的手段来解决问题,最终的结果往往导致小矛盾演化成大纠纷,民事争议转化成为刑事案件,使原本通过合法途径解决的问题被激化。有时一个小矛盾长期得不到解决甚至演化成更大的群体性、家族性冲突,引发事态的恶性蔓延,危及农村社会稳定。“送法下乡”可以及时发现并解决问题,使事态消除在萌芽状态,维护了农村社会的稳定和秩序。

91.如何认识马锡五审判方式的特点及其现实意义?

“马锡五审判方式”产生于20世纪40年代的陕甘宁边区,马锡五在担任陕甘宁边区高等法院陇东分庭庭长期间,经常深入基层,依靠人民群众,调查研究案情,从革命根据地的实际情况出发,实事求是地处理了一些疑难案件,受到当地人民群众的称赞,被誉为“马青天”,他的那一套独特的办案方式被称为“马锡五审判方式”。这套办案方式是在对国统区“形式机械、手续繁琐”的审判模式的否定下产生的。1945年,陕甘宁边区第二届司法会议总结报告将其特点概括为:“一、深入农村,调查研究;二、群众参加,解决问题;三、就地审判,不拘形式。”具体表现在:(1)贯彻群众路线,深入乡村、走进群众中调查案情,实行司法干部与人民群众共同断案。马锡五审判案件本着一切从实际出发的精神,不带任何框框和模式,他经常走出法庭,深入群众,力争客观、全面、细致地进行调查研究,全面收集证据,多方面地听取各种意见,然后经过审慎地分析研究、实事求是地找出是非曲直的客观根据,公正合理地处理案件。(2)实行审判与调解相结合,注重调解。马锡五断案,不是简单地一判了事,而是根据不同的对象,有的放矢地进行深入细致的思想工作。针对当事人的特点和心理状态,采取灵活多样的方式方法,着重扭转当事人的对立情绪,晓以法、理人情,讲明利害关系,使当事人心悦诚服,又可取得周围群众的认可和拥护。(3)方便群众、简便利民。抗战时期,人民司法机关的诉讼手续实行简便原则,以便利人民、有利生产。马锡五在审判实践中,进一步发扬了这些优良传统。他在下乡巡回审判时,随时受理新的上诉案件。他办案不拘形式,不管早晨晚上,地头河边,随时随地受理案件,了解案情。

“马锡五审判方式”一经产生便获得了人们普遍的赞誉,并成为构建新中国民事诉讼模式的重要基础。随着司法改革的推进,“马锡五审判方式” 便作为一种落后的审判模式而逐渐被现阶段的司法审判所丢弃, 但其依然有其存在的现实意义:(1)“马锡五审判方式”所强调的走群众路线、了解和倾听广大群众对案件的看法和处理意见等这些精神实质,和我们目前大力倡导的“司法为民”指导思想是一脉相通的,也与我国司法制度突出的“政治性、人民性、法律性”相一致,由此可见,马锡五审判方式的一些外在表现形式随着时代发展可能已不适应当今形势,但其所蕴含的精神实质具有强大的生命力,仍然具有极大的适用价值和意义。(2)基于我国城乡二元结构,农村基层纠纷与城市的司法需求和纠纷解决模式有很大不同, 发生在农村的一般民事纠纷, 绝大多数都适宜以调解或非正式方式解决。在农村,群众更倾向于依据民间社会规范而不是国家法律解决纠纷,通常会优先选择村、乡干部以及地方权威调解;在冲突激烈,调解难于奏效的情况下,当事人往往希望司法或行政力量的快捷介入。如果以判决的方式“一刀切”,势必和村民们朴素的“正义”相冲突,而影响司法的公信力。更为重要的是这种“切片式”的处理模式会因破坏“乡土社会”非常看重的邻里关系,而使得规避法院的处理成为可能。因此,诉讼调解远比判决效果好,所以,“马锡五审判方式”强调在处理具体案件时实事求是、调查研究、依靠群众、调解为主就具有重要的现实意义。

92.人民法院将如何加大对农民的司法救助和帮扶力度?

党的十六大以来,党中央从保障国民经济健康持续快速发展,推进全面建设小康社会步伐的战略大局出发,相继制定出台了一系列推动农业发展、维护农村稳定、促进农民增收的重大政策措施。为了充分发挥审判职能作用,依法保护农民的合法权益,促进农业和农村经济结构战略性调整,切实维护农村的社会稳定,落实"司法为民"要求,人民法院应加大对农民的司法救助和帮扶力度。

(1)人民法院应加大对农民的法律援助工作力度。法律援助制度是指在国家设立的法律援助机构的指导和协调下,律师、公证员、基层法律工作者等法律服务人员为经济困难或特殊案件的当事人给予减免收费提供法律帮助的一项法律制度。为维护农民合法权益服务,各级法院要把农民、农民工列为法律援助的重点对象,对打不起官司、请不起律师的贫困农民给予法律援助。司法是社会正义的最后防线,当社会弱势群体的合法利益受到侵犯时,也需要在司法制度上给予特殊的保护。这种保护不是偏袒,而是为了实现社会的公平和正义,要让那些确有冤情但正义难以伸张的弱者打得赢官司。所以,法院应对农村发生的土地承包经营权纠纷,征地、拆迁、劳务中侵害农民权益,"五保户"和低保户等社会保障以及残疾人救助、自然灾害救助等方面纠纷,以及事关农民群众利益的假种子假农药等坑农案件,依法提供必要的法律援助,不准拒绝推诿。要争取把法律援助纳入地方新农村建设公共服务规划体系之中,县级法律援助机构要进一步完善在乡镇司法所、法律服务所以及工会、共青团、妇联、残联等群团组织设立法律援助工作站。逐步形成覆盖新农村的法律援助工作网络。要积极争取各级政府不断加大对法律援助经费的保障力度,健全完善法律援助申请、指派办理制度,根据农村居民特点探索完善法律援助申请程序。对于要求支付劳动报酬和工伤的农民工法律援助,不再审查其经济困难条件，司法鉴定机构也应减免相关费用。对因情况特殊、时效紧迫的涉农案件，可允许受援人事后补交有关证明材料，以保证农民和农民工获得及时的法律援助。

(2)人民法院应加强司法救助力度。司法救助制度是指在民事、行政案件中，依照法律规定应当交纳诉讼费用的当事人，因经济上确有困难，无力承担或暂时无力支付时，经当事人申请，由人民法院决定缓交、减交或者免交的制度。我国民事诉讼法规定“当事人交纳诉讼费用确有困难的，可以按照规定向人民法院申请缓交、减交或者免交”。最高人民法院也于2000年出台了《关于对于经济确有困难的当事人予以司法救助的规定》。开展司法救助，是保障社会弱势群体基本人权的重要措施。因此，对一些打不起官司的农民群众，法院就应提供司法救助，人民法院在受理或执行案件时，要在诉讼费用的缓交、减交、免交上给予援助。

93.设立“便民诉讼服务点”的意义何在?

建设新农村，法院怎么办？回答这个问题，必须准确把握新农村建设中农民生产、生活中对司法服务和保障所期盼的是什么，农村社会和经济发展对司法服务和保障需求的是什么。设立“便民诉讼服务点”就是提升服务新农村建设水平的着力点，是落实“公正司法，一心为民”方针的必然要求，是符合农村实际情况的新举措，是完善基层司法功能、提高司法能力的有效途径。

(1)设立“便民诉讼服务点”可方便群众打官司。由于农村经济还比较落后，农民的文化程度不高，法律意识不强，普遍存在诉讼能力较低的问题。因此，农民对司法服务和保障的需求就是尽量减化程序、尽量降低诉讼成本、尽量提高解决纠纷的效率。同时，从农村的诉讼环境来看，人情关系、乡土观念仍然在很大程度上主导着农村群众的诉讼思维，这也要求人民法院尽可能地提供一个便利、亲切、和谐的渠道与方式来解决纠纷。建设好便民诉讼服务点，能够切切实实让广大农民享受到司法为民的实惠。

(2)设立“便民诉讼服务点”可使群众打得起官司。“赢了官司输了钱”,有相当一部分群众一提到打官司可能会想到这一俗语。农村地区大多交通不便,人口分布分散,这使得农民的诉讼成本很高,除了路上的盘缠之外,还有时间的代价,加重了诉讼的负担,也严重影响了生产。由于诉讼成本高,使得很多群众尤其是边远农村的农民朋友对一般性的民事纠纷,总是寄希望于对方能够屈服于己,或者请村委会调解。因此,必须降低老百姓的诉讼成本,让边远山区的农民更有条件运用法律武器维护自身的合法权益。便民诉讼举措把法庭搬到了田间地头,这样农民便可在家门口打官司了。

(3)设立“便民诉讼服务点”有助于实现司法公正。司法便民和司法公正并不矛盾, 案件当事人到法院来诉讼的根本目的是为了得到公正的裁判。中国是一个有着“非讼”传统的国家,通常来说,群众不会轻易涉讼。许多案件当事人正在经历着的很可能是其有生以来的第一次诉讼。对于如何诉讼、如何才能得到公正的裁判,许多群众是陌生和没有经验的。发生在偏远农村的许多纠纷,往往由于当事人不知诉、不便诉,错过了最佳的审理和调处时机,导致小矛盾演化成大纠纷、民事争议转化成为刑事案件。所以,对大多数群众而言,尤其是对涉农案件当事人而言,司法的便捷是十分重要的,这可以使其方便地了解诉讼知识,充分贴切地表达自己的主张,及时有效地举证,用较小的成本达到维护自身合法权益的目的。

(4)设立“便民诉讼服务点”有助于普法。“便民诉讼服务点”的设立使农村群众有了法官就在身边、法律就在身边的感觉,法院维护公正、高效办案的形象在农村群众中明显提升。同时,便民诉讼通过巡回办案、就地开庭、指导调解、提供法律咨询服务等活动,宣传了法律和社会主义道德风尚, 提高了广大农村干部群众的法律意识和思想道德素质,推动他们自觉遵守法律、运用法律武器维权,通过正当渠道反映、解决矛盾和问题,共同维护农村社会和谐。

94.山东夏津法院审理“三农”案件的经验是什么？

山东夏津法院在审理涉及“三农”案件时，其经验是注重把握“三优三及时”的工作原则。“三优”即工作作风优秀、服务措施优秀、服务态度优秀。“三及时”即立案及时、调解及时、回访及时。着力强化责任落实，使各项法律服务措施走入千村百户，基本上实现了“群众动嘴，法官跑腿”的效果。为了增强“三优三及时”的针对性，该院进一步缩短审判和调解周期，在处理赡养、子女抚养、相邻纠纷等案件时，重视适用简易程序审理案件，联系当地司法所和人大代表，做好沟通调解工作。特别针对年老体弱、行动不便的诉讼群众，就地立案、就地开庭解决矛盾纠纷，并依法减、免、缓有关诉讼费用，既方便实惠了群众，也提升了法院执法的影响力，这一审判经验收到了很好的社会效果。

95.为什么人民法院要通过“积极司法”来应对“三农”案件？

现代司法理念大多坚持司法应具有被动性，认为如果法官在审理之前深入群众、调查研究，极有可能在审理之前形成先入为主的偏见，从而使审理流于形式，不能保证公正和客观。但在我国农村这一特定的环境中，“积极司法”具有相当的现实意义。我国在改革开放中虽然在经济上取得了一定的进步，综合国力也有所增强，但是农业和农村经济发展相对缓慢，人民群众的生活还不富裕。农村当事人在诉讼中或由于交通不便不愿意参加诉讼，或因经济困难很难聘请得起律师以获得法律方面帮助，加上由于他们自身缺乏相应的法律知识，因此，如果此时的审判者严格保持司法的“被动性”，“坐堂问案”，当事人往往会因客观条件、自己的知识、信息不完全导致无力诉讼，失去本可以获得的利益，或咽不下心中的恶气，导致矛盾激化。这就需要人民法院通过“积极司法”来为民“排忧解难”。

(1)人民法院通过“积极司法”来应对“三农”案件是农村实际情况的要求。广大农村大多处于偏远、交通不便地区，农民到县城参加诉讼既费力、费钱，又耽误农时。因此，“积极司法”的推行，使人民法院和法庭深深地扎根于广大农村和农民中间。法庭通过采取上门办案的方式,就地化解纠纷,为那些居住在偏远地区、往往为了打官司而赶十几里或几十里山路的群众提供了诉讼便利。这也减少了群众在遇到矛盾纠纷寻求法律解决时的盲目性，把矛盾纠纷的解决一开始就纳入了正确的轨道。通过“积极司法”,群众在起诉时可以少跑冤枉路，起诉群众对如何打官司、该准备哪些证据和材料做到心中有数,并且事先有了准备,无论是立案还是审判,效率就会大幅度提高。在广大农村地区,民间纠纷虽类型多样,然而大多是婚姻家庭、邻里亲朋之间的鸡毛蒜皮类的细琐纷争,受“无讼”“冤死不告官”等观念的影响,许多农村当事人“顾全脸面”,不到万不得已是不愿对簿公堂、“撕破脸皮”的,即使要打官司,也都习惯于在诉讼前找个可信赖的“法律明白人”诉说心声、咨询清楚、缓冲对立情绪。“积极司法”便契合了当前农村的实际、农民的愿望。

(2)人民法院通过“积极司法”来应对“三农”案件是化解矛盾纠纷、维护农村稳定的需要。农村中隐存的各类矛盾较多,而农民面对牵涉自己利益的矛盾纠纷时,对怎样通过合法途径解决问题,在法律知识方面掌握得相对较少,并且自我保护意识较差,因而很容易使原本通过合法途径解决的问题被激化,甚至发生“民转刑”案件。“积极司法”的开展能及时掌握社情民意,认真倾听群众呼声,能够引导广大农民依法解决矛盾纠纷,把大量的矛盾纠纷解决在萌芽状态,消除了矛盾的突出化和激烈化,发挥了良好的社会效果。

(3)人民法院通过“积极司法”来应对“三农”案件是落实司法为民的要求。人民法院作为党领导下的国家司法机关,担负着维护社会公平正义的神圣使命,必须始终践行司法为民宗旨,切实做到洞察民情、知晓民意、关注民生、维护民权。为了充分发挥审判职能作用,依法保护农民的合法权益,促进农业和农村经济结构战略性调整,切实维护农村的社会稳定。在审判工作中积极司法,便是落实司法为民的重要体现。

(4)人民法院通过“积极司法”来应对“三农”案件,可以用身边的事教育身边的人，有利于对广大农民的法治宣传和教育。法庭通过

“积极司法”使法庭的审判活动往往也是法律的宣传活动，特别是一些在当地影响较大的赡养案件、邻里纠纷案件，通过就地开庭，以案讲法，将生硬的法律知识融入到具体的案件中，让农民在旁听案件审判过程中了解法律、认识法律，不断提高他们的法律意识，让他们懂得如何用法律的武器来捍卫自己的合法权益，同时也认识到侵犯别人的合法权益是要受到法律制裁的。人民法庭通过对乡、村、队人民调解委员会成员和干部的培训和指导，也有利于拓宽他们的法律知识面，加深他们对法律、法规的正确理解，从而引导他们依法开展工作。

96.为什么需要建立处理涉法上访案件的长效机制？

涉法上访是指已经进入法律程序的案件或应当被行政执法机关和司法机关受理的案件，当事人不服行政执法机关和司法机关的处理，在申诉和控告未能如愿的情况下，转而向上级机关投诉，或者寻求法律程序之外的上访活动。归结起来，涉法上访可以表现为三种类型：第一种是政法部门的处理和判决是正确的，但当事人缺乏正确的心态，结果不符合自己的意愿便上访，此类涉法上访属于无理缠访；第二种是政法部门的判决和处理确实有误，当事人对判决和处理结果不服而上访；第三种是上访人反映的问题属于涉法问题，本应通过法律渠道解决，但上访人不走诉讼程序，执意在党政部门缠访。

上访是群众要求解决实际问题，落实有关政策法律的一种重要手段和方式。然而，近年来，大量的涉法越级上访、群体上访、反复上访、进京上访案件的激增，有些群众甚至抱着“大闹大解决、小闹小解决、不闹不解决、越闹越解决”的反常心态，不通过正常渠道解决问题，而采取一些过激方式，这严重影响了国家机关的正常工作秩序，甚至损害了党委、政府和司法机关的社会形象，影响了社会稳定。因此，处理好涉法上访问题对于保护好、实现好人民群众的根本利益，维护改革发展稳定大局，巩固党的执政地位，推进公正执法显得尤为重要。这也需要建立一整套行之有效、科学完善的长效机制。

(1)建立处理涉法上访问题长效机制是维护社会稳定、促进经济发展的迫切需要。只有建立处理涉法上访问题的长效机制,依法妥善解决涉法上访问题,维护人民群众的根本利益,才能维护社会稳定。建立处理涉法上访问题长效机制正是为了更好地从根本上预防和减少涉法上访问题的发生,更好地维护社会稳定,更好地为经济发展创造优良的法治环境。

(2)建立处理涉法上访问题长效机制是解决涉法上访问题的有效途径。当前,我国正处于体制转轨和社会转型时期,各类社会矛盾日显突出,不安定因素急剧增加,涉法上访形势严峻。为了解决这一问题,只有立足于全局和长远,建立集中处理涉法上访问题长效机制,超前分析预测,强化防范意识,增强解决问题的实效性和针对性,加大工作力度,力争把矛盾化解在萌芽状态,把问题解决在基层,才能有效地防止涉法上访问题的发生,确保经济快速发展和人民安居乐业。

(3)建立处理涉法上访问题长效机制是端正执法思想、坚持司法为民的具体体现。通过建立处理涉法上访问题长效机制,才能真正把人民群众的呼声作为第一信号,把人民群众的需要作为第一选择,把人民群众的利益作为第一考虑,把人民群众的满意作为第一标准。建立处理涉法上访问题长效机制正是为了进一步端正执法思想,把处理涉法上访问题工作作为司法机关联系群众的绿色通道,作为司法队伍建设和工作的晴雨表,作为检验司法工作的一面镜子和透视司法战线纪律作风的主要窗口。

97.新野法院是如何对“三农”案件实行“三优两简”的?

河南省新野县法院在处理“三农”案件中,始终把司法为民,积极服务农业生产放在一切工作的首位。为保证农民群众不因诉讼、执行耽误农时,新野法院开辟涉农案件绿色通道。对“三农”案件一律实行“三优两简”,即优先立案、优先审理、优先执行,在法律范围内简化立案手续、简化案件审理程序。按“三优两简”工作方式的要求,该法院加大巡回审理力度，经常深入辖区农村巡回审理，就地办案，方便群众诉讼，让群众不出家门就能打官司，就能领到执行款。同时对“三农”案件加大调解力度，坚持调解优先理念，以调解为主，及时裁判，化解纠纷，促进了农村社会大局的和谐稳定。

98.为什么说“所谓好邻居就是不打官司”？

“所谓好邻居就是不打官司”、“如果你起诉了，唯一挣钱的就是律师”是美国加州夏斯塔县牧区的一句流行格言。在美国加州夏斯塔县，如果相邻牧区之间出现牲畜越界事件时，受损一方常常并不是立即向对方主张权利，要求金钱赔付，而是采取“容忍”的态度。这种表面上不重视法律的做法恰恰是基于相邻关系之福利最大化的理性考量，这是因为，一方面，对牲畜越界所造成损失的界定费用较高，例如吃了受损方多少草料，往往无法准确估量。同时，将混入到受损方畜群中的越界牲畜分离出来的费用也很高。另一方面，也是更为重要的是，受损方也无法保证自己的牲畜不会越界而侵入到对方的牧区。所以，在夏斯塔县的相邻牧区之间出现牲畜越界事件时，邻居之间几乎都不打官司。只要双方保持长期的合作关系，人们就会在心中彼此记下一笔账，而且相互抵消或扯平。双方烙有印记的越界牲畜最终会在牲畜收购站那里界定给自己的原始权利人。

按照现代法治理念，这一提法在某种意义上可能不符合现代法治的要求，因为现代法治都要求人们应具备基本的权利意识，要求人们在自己权益受到侵害时，要勇于拿起法律的武器去维护自己的合法权益。但“所谓好邻居就是不打官司”这种表面上不重视法律的做法恰恰由于其蕴涵某种道理，在熟人社会尤其是乡村社会具有一定的合理性。这是因为：

“所谓好邻居就是不打官司”是基于人们对维权成本及其现代性司法的实效和运作成本进行理性考量而作出的选择。在大部分农村地区，由于大多交通不便，人口分布分散，这使得农民的诉讼成本很高，除了路上的盘缠之外，还有时间的代价，正常的农业生产也受其影响。加之由于农民群众大多自身缺乏相应的法律知识,如果想在诉讼中取得胜利,就需要聘请律师以获得法律方面的帮助,这也需要一些不小的开支。而且尤为重要的是花费了大量人力、物力、财力的诉讼不一定能取得最终的实效。因此,在一些农村地区一次个人启动的破釜沉舟的维权行动,最终有可能演化成一场悲剧,轻者倾家荡产,重者家破人亡。这种情形在乡村社会的一幕幕再现和示范,最终非但没有在更大范围内激发起村民依法维权的行动,反而坚定了人们“屈死不告状,宁做冤大头”的心理。

“所谓好邻居就是不打官司”是基于人们对维护熟人社会长期合作共处的关系网而作出的选择。乡村社会是一个人际关系紧密、人员较少流动的熟人社会，尤其是在这里生活的人经常面临诸如自然灾害、疾病死亡等自然和人为因素的威胁,为了应付严酷的现实,减低风险,村民在日常的生产生活中必须相互依赖、相互帮助才能克服一些无法预料的事件。因此,在这里生活的人们非常注重“顾全脸面”,不到万不得已是不愿到法庭对簿公堂、“撕破脸皮”的。相反,如果遇到纠纷对簿公堂,可能最终造成“赢了官司输了人”、“一场官司十年仇”,甚至会得到同村人的排斥和白眼。因此,多方考虑的结果是人们往往不愿借助公力的、现代性的司法途径解决纠纷。

99.什么是“不告不理”?

不告不理是现代法院审理案件的一项公认的基本原则，所谓不告不理,是指对未经起诉的事情和未经起诉的请求,人民法院不能审理的诉讼原则。即自诉案件没有自诉人的起诉,法院不得受理;公诉案件如果检察机关没有提起公诉,法院也不能审理。同时,人民法院在审理中受原告或公诉方提出的诉讼请求范围的约束，不审理诉讼请求范围以外的问题。“不告不理”原则要求法院审判活动必须做到以下几点:

(1)任何未经起诉的案件,法院不得开始和进行审判。这主要表现在:当事人可以放弃自身的诉讼权利,不向法院起诉,也可以起诉后申请撤诉。当事人处分行为直接关系到民事诉讼程序能否开始；第二审程序能否进行要以当事人是否提出上诉为前提，只有当事人提出上诉的，第二审法院才能进行审理；在人民法院裁判文书生效后，执行程序的发生取决于权利主体是否提出申请；审判监督程序的发生同样离不开当事人的申请，没有当事人的申请，审判监督程序一般也不能启动。

(2)法院裁判的对象不能超出诉讼的范围，法院无权变更、撤销当事人的诉讼请求。也就是说，当事人“告谁审谁，告什么审什么”。案件在审理中，法院只能按照当事人提出的诉讼事实和主张进行审理，对超过当事人诉讼主张的部分不得主动审理。如在人身损害赔偿案中，原告人对赔偿数额已经提出明确要求，即使依一般情况法定赔偿数额超过其要求，法院也不能依职权要求被告负担原告没有主张的部分，因为原告没有向法院主张自己的权利，就应认为其处分了自身的权利，只要处分合法，是符合民事处分原则的，对其处分行为应予确认。

(3)审判者应尊重诉讼当事人对于诉权的处分。对起诉方放弃诉讼请求、变更诉讼请求的，法院亦应相应变更审判对象，当民事诉讼中的原告申请撤回起诉，刑事诉讼中控诉方撤回控诉时，法院一般情况下应当允许，对它们已撤回起诉的事项不能再进行审判。

100.如何认识最高人民法院发布的《关于进一步做好2009年人民法庭工作的通知》?

2009年2月初，最高人民法院发出了《关于进一步做好2009年人民法庭工作的通知》，分六个部分就进一步做好2009年人民法庭工作有关事项作出了规定：

(1)要求深刻领会中央方针政策的精神实质，为做好人民法庭工作奠定坚实的思想基础。通知要求各级人民法院要认真学习和深刻领会中央方针政策的精神实质，充分认识农业农村工作在党和国家全部工作中的重要地位，把抓好人民法庭工作作为人民法院深入开展学习实践科学发展观活动的重要内容，作为落实党中央战略决策的重要抓手,抓紧抓好,务求取得新成效,作出新成绩。

(2)要求认真执行最高人民法院有关文件要求,全面提升人民法庭工作质量水平。通知要求人民法庭要充分发挥审判职能,确保农村改革创新的大力推进和农村制度建设的进一步加强；要加强对现代农业的保护力度,促进农业综合生产能力的提高;要积极稳妥开展工作，通过司法手段促进农村社会全面进步；要继续强化制度落实措施,确保司法保障和法律服务水平的不断提升。

(3)要求以保增长为目标,为加强现代农业、促进农业生产稳定发展创造有利条件。通知要求人民法庭要牢固树立和不断强化最严格的耕地保护意识，依法加大对破坏、侵占耕地违法行为的制裁力度;要着重审理好涉及农业生产资料和农产品生产、加工、包装、运输、销售等各环节的纠纷案件,均衡确定农业生产资料和农产品流转过程中各方当事人的权利义务；要进一步加强涉及农业基础设施建设工程纠纷案件的审判和执行工作，依法维护好农业基础设施建设项目投资者利益；要依法维护农民合作组织等农村新兴市场主体的合法权益,提高相关新类型案件审判工作质量和水平。

(4)要求以保民生为关键,为切实维护农民合法权益,实现农民群众幸福安康打下坚实基础。通知要求人民法庭要妥善处理农村土地承包纠纷案件,维护农民依法享有的土地承包经营权各项权能。把农民依法享有的对承包土地的占有、使用、收益权能落到实处,实施全方位的司法保护;要认真贯彻“调解优先、调判结合”的司法原则,充分发挥司法调解在构建社会主义和谐社会、维护社会稳定进程中的重要作用;要努力实现执法办案法律效果和社会效果、政治效果的有机统一,不能因审判和执行工作诱发不稳定因素;要积极协调各种矛盾化解手段之间的配合与衔接，推动多元纠纷解决机制的不断完善;要认真做好农村涉诉信访工作,努力从根本上预防和减少涉诉信访案件的发生;要有效探索司法专业化和大众化相结合的新途径,尝试建立司法协理网络。

(5)要求积极主动开展法律服务,最大限度推动农村社会依法治理和全面进步。通知要求人民法庭要纠正机械理解司法被动性的不正确认识,从中国特色社会主义司法制度的高度出发,积极开展法律服务;要创新法律服务形式和途径,变被动为主动,大力提高法律服务质量和水平;要高度重视和切实发挥司法裁判对农村社会思想道德和价值取向的引导作用,推进社会诚信制度建设,弘扬社会主义道德观念。

(6)要认真执行"五个严禁"规定,加强反腐倡廉建设,提高司法公信力。通知要求人民法院工作人员要严禁接受案件当事人及相关人员的请客送礼;严禁违反规定与律师进行不正当交往;严禁插手过问他人办理的案件;严禁在委托评估、拍卖等活动中徇私舞弊;严禁泄露审判工作秘密。

101.如何认识人民法庭?

人民法庭是具有中国特色的一项司法制度,它是基层人民法院根据辖区面积、人口和案件状况等设立的派出机构,是在基层人民法院的领导下具体行使国家审判权的最基层的司法单位,它所作出的判决和裁定就是基层人民法院的判决和裁定。其设立的目的是为了体现"两便"原则,其职权主要有:审理民事案件和刑事自诉案件;办理基层人民法院审理案件的执行事项;指导人民调解委员会的工作;办理基层人民法院交办的其他事项。

我国是一个农业大国,有了农村的稳定和农村经济的发展,才会有整个社会的稳定和发展。长期以来,人民法院通过开展审判活动,发挥审判机关的职能作用,为农村的稳定和发展作出了巨大的贡献,特别是深深扎根于农村基层的人民法庭更是发挥了不可替代的重要作用。他们充分发挥密切联系群众、反应灵敏的优势,多层次、多渠道地开展为发展农村经济和稳定农村服务的工作。及时审理各类民事、轻微刑事案件,化解矛盾。指导人民调解委员会的工作和积极参与社会治安综合治理,预防和减少纠纷。通过各种形式为农民排忧解难,切实帮助农民解决经济发展中存在的法律问题，对于促进农村经济的健康发展具有非常重要的作用,对于维护农村社会秩序的稳定,促进农村生产力的发展,推进了农村的民主与法制的建设,为我国农村的改革、发展、稳定提供了有力的司法保障。

102.“涉农案件”有哪些特点?

(1)与农民生活关联程度大。“涉农案件”大多与农村村民的生活联系紧密,案件的裁判、执行效果如何将影响当事人的切身利益,关系到农村的稳定与和谐。有的案件涉及农村弱势群体人员的生活起居,如关于老人赡养费和小孩抚养费的案件。

(2)案件类型多样复杂琐碎。农村经济状况相对于城区来说比较落后,进入诉讼领域的案件往往是村民在生活中因琐事引发的纠纷,有的甚至是为争一口气、不服输导致了诉讼,因此“涉农案件”一般类型多样复杂,涉及土地征用、矿产资源开发、城镇建设、退耕还林、农田水利等基础设施建设、教育卫生、婚姻家庭、赡养抚养等领域。

(3)此类案件往往牵扯人数众多、影响面广、矛盾具有突发性,审理不当,易引起群体性事件发生。如果“涉农案件”得不到及时解决,很容易使矛盾纠纷长期处于紧张状态,并在田间耕种、生活交往等不确定条件下突然激化。由于农村群众缺乏必要的法律常识,在遇到矛盾纠纷时,不是依靠法律,而是仅凭一时冲动,盲目采用报复等手段进行了结,这极易造成大量“民转刑”案件的发生,有时即便法律已作出了公正判决,但案件息诉服判率较低,当事人也有可能涉法上访。

103.土地承包经营权、宅基地和农民房产能否抵押?

现阶段一些农民朋友在发家致富的过程中急需资金，向银行贷款就需抵押担保,于是一些人就想拿自己的土地承包经营权、宅基地和农民房产进行抵押。一些探索农村金融机制改革的学者也提出应允许土地承包经营权、宅基地和农民房产进行抵押。那么在现有的法律制度中，是否允许土地承包经营权、宅基地和农民房产进行抵押呢?

根据《中华人民共和国担保法》第三十七条第(二)项规定,耕地、宅基地、自留地等集体所有的土地使用权不得抵押。因此,农民土地承包经营权不能抵押,但承包林地、四荒地的经营权可以用于抵押。法律之所以作出这样的规定,原因在于土地承包经营权、宅基地和房产是农民最后的生存依据,是农民生活的必需品。万一农民投资失败,失去了用来担保的土地承包经营权、宅基地和房产,极易引发农民流离失所,影响社会稳定。同时,当前法律不允许将土地承包经营权、宅基地和农民房产作抵押,还有一个重要原因就在于中国社会保障体系尚不完善,必须避免农民“失地、失业、失住房”的情况发生。因此,农民可以用农产品、农户与龙头企业签订的订单、运输工具、农业机械等动产作为贷款抵押。而不能拿自己的土地承包经营权、宅基地和农民房产进行抵押。

至于一些学者提出的通过允许农村土地承包经营权、宅基地和农民房产进行抵押,从而推进农村金融机制改革的观点在现阶段也是不现实的。加快农村金融体制改革,主要应通过加强政策性、商业性和合作性银行相互依存体制的逐步完善,加强财政政策和货币政策支持,以及降低农村金融机构的准入门槛,允许中小型和微型金融机构在农村开展业务等措施来实现,而不应该通过用土地承包经营权、宅基地和农民房产作抵押来解决问题。

104.如何认识“同命不同价”的含义及其时代局限?

“同命不同价”是指在以我国现行法律对交通事故死亡赔偿金采取以受害人城乡户籍为赔偿标准的规定下而形成的一种城乡区别对待现象。2003 年最高人民法院针对交通事故损坏赔偿出台的《最高人民法院关于审理人身损害赔偿案件适用法律若干问题的解释》第二十九条规定:“死亡赔偿金按照受诉法院所在地上一年度城镇居民人均可支配收入或者农村居民人均纯收入标准,按二十年计算。但六十周岁以上的,年龄每增加一岁减少一年;七十五周岁以上的,按五年计算。”根据该规定，死亡赔偿金的计算主要根据以下三个因素：户籍、地域和年龄。由于我国经济发展的不平衡，省际之间、同省的地区之间以及城乡之间的收入差距比较大，导致死亡赔偿金的计算标准不统一、数额差距悬殊。尤其在一些同一事故导致城镇居民和农村居民同时死亡的场合，赔偿金的差距更为惊人。据北京理工大学经济学教授，著名学者胡星斗、北京市中业律师事务所律师李方平向最高人民法院提交的《关于消除城乡差别对待的公民建议书》指出，在北京城乡青壮年全额死亡赔偿金分别是277660元和29920元，两者相差14774元；山东为188756元和70148元，两者相差41720元；重庆为184420元和50700元，两者相差133720元。这些数额差距给人造成的直观感觉就是“同命不同价”。

针对这种现象，一般民众认为这违反了宪法的“法律面前人人平等”原则，是对农民尊严与人格的不尊重和歧视。但值得注意的是，从法律的角度而言，死亡赔偿金制度并不是如公众所理解的那样是对生命价值的补偿，即死亡赔偿金不是“命价”，因为生命是无价的，一旦丧失，无法通过货币化的方式对其进行定价。死亡赔偿金仅仅是对死者未来预期收益以及因此对死者亲属的间接财产性补偿。所以，双重赔偿标准在一定程度上符合我国城镇居民和农村居民收入存在差距的实际情况，符合填平损失的原则。

但其也存在一定的弊端。表现为：一方面，户籍不是衡量个人收入的决定性因素。尽管城乡收入存在差异，但这是针对整体而言的，具体到每个个人就不能一概而论。城市居民中有低收入者，农村居民里有高收入者，假设一个农村户籍居民的年收入高出一个城市户籍居民的年收入，他们在同一起交通事故中死亡，城市户籍的死亡赔偿金数额却高于农村户籍的，这显然是不平等的，也不利于维护社会公平。另一方面，这种简单以户籍作为确定死亡赔偿金计算标准依据的做法，在实践中极易被误解、曲解，极易被看做是歧视农民、违反宪法的做法。同时，以户籍作为确定死亡赔偿金的计算标准，这也给司法实践带来了诸多困难。如如何区分城镇居民和农村居民，是以户口为标准还是以经常居住地为标准或是其他，到目前为止尚无定论，这易造成司法实践的不一致。由此，《最高人民法院关于审理人身损害赔偿案件适用法律若干问题的解释》对死亡赔偿金的规定确实过于简略，不周密，有待于作出进一步的规定和完善。

105.如何认识新农村建设中的“永联经验”？

江苏省张家港市永联村，是1970年当地农民群众从长江江湾里围垦出来的。改革开放前，这里是苏南地区最小最穷的村落。1978年，全村人均收入只有68元，而集体负债却高达6万多元。改革开放后，这个村的状况发生了翻天覆地的变化，从昔日一个荒滩小穷村发展成为如今全国闻名的经济强村，其以新的居住、生产、生活、组织、管理、收入方式，实现农民、农业、农村存在方式的转变，闯出了一种既充分体现社会主义优越性，又充分尊重市场经济规律的中国特色社会主义新农村模式。

永联社会主义新农村建设的成功经验，主要体现在以下方面：

(1)以工促农，农工结合，推动村域经济良性发展。近年来，该村以钢铁主业为核心，发展壮大永钢经济实力，积极发展现代物流业，大力发展现代生态农业，探索开发独具特色的旅游业，构建了结构较为合理、现代农工经济相结合的经济体系，推动了经济的全面持续发展。

(2)保持25%的集体股份。永联的发展得益于“村企合一”的发展形式，永联村在“以工兴村”发展的实践中，从实际出发，没有将集体资产一卖了之，而是在搞“村企合一”的建设中，给村集体保留了25%的股权，这既确保了集体经济的可持续来源，也保证了村集体每年可从企业盈利中分得巨额红利，从而维护了村民百姓共享这片土地上发展成果的权益，较好地解决了集体与资本这两者之间的关系，使得股民和村民的利益都得到有效维护。

(3)多措并举，提高村民生活水平。苏南农村，土地人均占有面积少，仅仅依靠个人精细化经营，难以致富。近年来，永联村采取拓宽就业渠道,带动农民向产业工人转变,鼓励和扶持村民发展个体私营产业等多种方式,完善增收保障机制,增强了村民可持续富裕的能力。

(4)狠抓精神文明建设,构建和谐家园。永联村在短时间内实现了经济腾飞,物质文明建设取得了显著成效。但是,村民的思想道德素质、科学文化素质水平落后于经济发展水平。正如村党委书记吴栋材所说,“社会发展很快,但农民思想就跟不上了,这是社会主义新农村建设中的短腿”。为了建设一个物质和精神相辉映的新农村,永联村党委以“文明家庭奖”为抓手,通过建立利益导向机制,深化文明创建;加强文化建设,满足群众丰富多彩的业余生活需求;提高村民文化道德素质,培育新型农民;提倡移风易俗,营造特色鲜明的文明等措施,狠抓精神文明建设。

(5)统筹规划空间布局,建设生态友好型村庄。目前农村普遍的居住方式是沿河沿路“一字式”或“非字式”,居住分散。分散的居住方式是在经济水平低的传统农业经济模式下形成的,适应不了现代高效农业经济和工业经济的发展潮流,在未来还可能成为经济持续发展的绊脚石。①导致农村公共环境脏、乱、差的现状;②占用了大量耕地;③解决由此带来的环境问题和提供公共服务的成本高问题。永联村经过讨论认为,“新农村建设关键在规划,高起点规划不仅可以省钱,还可以赚钱,省钱不仅仅是节省了建筑成本,更节约了土地资源,还能把有限的资源转化成再发展的载体,这就是集中居住和集约发展互动”。村委邀请清华大学、苏州园林局、常州规划设计院的专家对永联村进行了重新规划,提出了社会主义现代化新永联蓝图,按照资源能共享、优势能互补原则,把全村规划成现代厂区、生态林区、高效农业区、文明社区。

(6)完善服务功能,实行规范民主管理。该村通过发挥社区服务中心职能、加强社区管理、深化村民自治、落实村务民主管理等措施来改善公共服务,提高管理能力。

106.如何认识新农村建设中的“东营经验”?

位于黄河三角洲的东营市是胜利油田所在地，曾被称为山东的“北大荒”,1983年建市以后,农民平均收入曾连续15年低于全省平均水平。近年来,东营市委、市政府在“三农”工作实践中,努力把中央有关统筹城乡发展的政策落到实处,积极探索,不断创新,通过全方位转变发展思路，使农业生产、农村经济和农民生活发生了显著变化。农业综合生产能力不断提高,农民生活质量显著改善,农村社会保障事业得到长足发展,农村精神文明建设取得突出成效。

东营经验的基本标志,是在全国地级市中率先基本实现了“三免五通五保五救助”:免征农业税、免收农村义务教育阶段学生杂费课本费作业本费、免收城乡集贸市场管理费;村村通柏油路、自来水、客车、有线电视、中小学微机联网校校通;农村最低生活保障、医疗保险、养老保险、失业保险、五保老人集中供养;教育救助、残疾人救助、灾害救助、老年人救助、住房救助。尤其“五保”和“五救助”,使东营无论是城市还是农村,都实现了老有所养,病有所医,失有所助,贫有所帮,灾有所救。农村面貌发生根本改观,农民人均纯收入突破4000元,农村孩子的就学条件得到很大改善,农民看病像城里人一样按比例报销,乡镇、农村的文化设施建设日臻完善,一个个小康文明村正一步步地拉近着农村与城市的距离，改变着人们头脑中对于农村的固有观念。

东营经验另一方面体现在其建立了支持“三农”发展的长效机制。(1)初步形成了倾斜“三农”的领导机制。该市各级党委政府怀着感情抓“三农”,坚持做到“三个倾斜”:①领导力量倾斜。提出“干部下乡、人才引进”的思路,市、县、乡三级党委政府均选派得力干部分管或从事涉农工作;从大学和科研院所选聘优秀科技人才到县区挂职;从县乡机关选派干部任村党支部书记等职，加强了农村工作的领导力量。②工作队伍倾斜。通过市级领导联系、下派干部驻点、油田对口帮扶等举措,为“三农”提供了人才智力信息支持。③资金投入倾斜。(2)初步形成了统筹城乡发展的推进机制。该市坚持“四个优先”，实施"五统并举",安排财政预算,优先考虑"三农"投入需要;规划实施重点项目和工程,优先考虑农业和农村;兴办社会事业,优先考虑农村群众要求;社会保障体系建设,优先考虑困难群众,建立起了解决"三农"问题的长效机制。(3)初步形成了全社会参与的投入机制。该市创造性地提出"用老板的钱干发展的大事、用财政的钱办百姓的难事"的发展思路,大力实施招商引资,在推动经济发展的同时,坚持各方配套联动,"多办雪中送炭的事、少花锦上添花的钱",集中财力办好事关农村长远发展的大事、一家一户办不了的难事、群众最急需最期盼的实事。(4)初步形成了激发活力的自我发展机制。该市通过深化农村改革,着力解决体制、机制问题,激发"三农"内在活力。①健全完善产业化经营组织机制,培育扶持龙头企业和农村合作经济组织。②健全完善村企合一的经营管理机制,发展农村股份制经济。③建立村级党政交叉任职的行政管理机制,既节省了经费开支,又有效发挥了农村基层党组织的领导核心作用。

【实例 1】电影《秋菊打官司》和《被告山杠爷》的启示意义

电影《秋菊打官司》,讲的是西北农村中发生的一个简单故事:秋菊的男人同村长吵架,骂村长"断子绝孙"(村长的确只生了四个女儿),愤怒的村长因此向秋菊男人的下身踢了几脚。为了讨个"说法",秋菊就一级级告状,她认为村长可以踢她男人,但踢了"要命的地方"就得认错。后来秋菊难产,村长救了秋菊母子的命。没想到,正当秋菊感恩不尽、等着村长来吃儿子的满月喜酒时,上级派了一部警车把村长带走了,判了十五天行政拘留。看着远去的警车,秋菊迷惑不解,她认为自己只是要讨个"说法",怎么把人给抓了?

电影《被告山杠爷》讲述一个发生在农村的故事:山杠爷是一个非常偏远的、据说治安秩序很好的山村(县乡的治安人员都从来没有来过)的村党支部书记。他个人品质很好,非常受人尊敬,但他的职责和品性也使他与村里的一些人不时发生冲突,有时他甚至采取了一些不合法的手段强迫村民。村里有个年轻媳妇虐待婆婆,甚至打伤了其婆婆,受到了全村人的谴责。山杠爷看不过,在该媳妇屡次打骂其婆婆的情况下，命令人把这个媳妇抓了起来，游了村。羞愧和愤恨之下，这个青年妇女跳河死了。事情捅到了上级司法机关，最终公安机关以非法拘禁、侵犯公民人身自由权为名逮捕了山杠爷。

【评析】上述两个电影都反映了在乡村社会中国家法律与民间礼俗、习惯、道德间的冲突，以及村民发生纠纷时到底应以国家法律还是民间习俗来解决的问题。《秋菊打官司》中，村长最后被抓显然与秋菊所讨要的“说法”不同，最终难免造成秋菊的困惑：秋菊和村长最终还得在这个村庄中生活，村长被抓，村长和村长一家还能与秋菊一家保持原来那种关系吗？村里人将如何对待他？至少在不短的一段时间内，人们会疏远秋菊一家，显然，秋菊所执著讨要的那个“说法”，并不是现代法制的救济工具所能提供的。《被告山杠爷》中，尽管山杠爷在解决婆媳之间家庭纠纷时采用的手段违反了正式的国家法律，但他的行为却获得了大多数村民的欢迎和认可，并维护了乡村基本的秩序，但由于其违背国家法律，最终被抓。通过这两部电影，秋菊的困惑和山杠爷的被抓就应引起我们的认真思考。

现阶段，在广大乡村社会里，存在着许多习惯、民俗、伦理、道德，它们在人们的日常生活中比国家正式法律更有影响力，群众也很认同它们在解决相互之间矛盾纠纷、维护乡村正常秩序中的作用，群众在发生纠纷时，往往以它们为准则而不是通过寻求国家法律来加以解决。相反，通过国家正式法律来解决问题，常常由于农村群众缺乏对国家法律的了解、认识，并且需花很多的时间和金钱来寻求法律的帮助，加上审判结果可能破坏熟人社会长期形成的人际关系，最终的结果是国家正式法律在解决邻里纠纷、维护乡村社会秩序方面有其局限性。因此，在乡村社会纠纷处理中，我们应看到习俗、传统伦理道德的实用价值和社会治理功能，应促进国家正式法律与民间习俗的良性互动。否则秋菊的困惑和山杠爷的悲剧将在所难免。

【实例 2】电影《马背上的法庭》的启示

电影《马背上的法庭》以云南山区少数民族地区的流动法庭为背景，讲述了一位从事“送法进山寨”二十多年的老法官老冯和他的同事——一位刚从大学毕业不久的实习法官和即将退休的少数民族女法官老杨用马驮着国徽沿着崎岖的山路到寨子里为村民们开庭判案的故事。影片通过泡菜坛子的产权归属、猪拱罐罐山的侵权责任、150元钱的债务纠纷等一个个案件，生动地展现了当代中国基层司法情况，同时，也更直观、更集中地展示了乡村社会法治与社会发展进程中出现的一些问题、困惑。如"不告不理"还是"送法下乡"？是抗辩制还是所谓的讯问制？正式法律与民间规范冲突了怎么办？如何穿行于法律与民俗之间？甚至什么是法官或合格的法官？所有这些提问都需要我们深深地思考。

【评析】(1)"坐堂问案"还是"送法下乡"？影片中主人公老冯、阿洛和杨阿姨一行三人和那匹驮着国徽的老马，崎岖而漫长的山路，有力地展现了现阶段基层司法机关送法下乡的生动画面。按照现代司法理念，被动性是司法应具有的一个基本要求，它要求司法机关只能根据当事人的申请"坐堂问案"，而不能主动出击。但在现阶段中国大多数农村地区，由于农业和农村经济发展相对缓慢，人民群众的生活还不富裕，农村当事人在诉讼中或由于交通不便不愿意参加诉讼，或因经济困难很难聘请得起律师以获得法律方面帮助，加上他们自身法律知识欠缺，如果此时的审判者严格保持司法的"被动性""坐堂问案"，当事人往往会因客观条件、自己的知识、信息不完全导致无力诉讼，失去本可以获得的利益。或采取过激方式解决问题，导致矛盾激化，危及农村社会秩序和稳定。国家法律的权威也很难树立。因此，在这些地区只有司法机关采取积极行动"送法下乡"，才能保证当事人的权益得到维护，才能维护农村社会的秩序与稳定，才能强化国家法律在农村社会的影响力和权威。

(2)运用习惯法还是国家法？影片在很多地方展现了乡村民间习惯法与国家法律的冲突。如猪拱罐罐山的处理、国徽被偷后的处理、阿洛和新娘私奔的处理等等，而老冯与阿洛在如何处理这些纠纷时发生的冲突，也生动地说明了这一点。现阶段，在广大乡村社会里，存在着许多习俗、宗法、伦理道德，它们在人们的日常生活中比国家正式法律更有影响力，群众也很认同它们。由此，司法者在面对一些纠纷时是运用国家正式法律而排斥民间习俗，还是用民间习俗而回避国家正式法律就显得尤为重要。由于民间习惯法是人民在长期的生活过程中形成的，且其得到群众的广泛认同，它在规制村民行为、维护乡村秩序中有一定的价值。因此，最终的结果是国家正式法律在解决邻里纠纷、维护乡村社会秩序方面有其局限性。因此，司法机关在乡村社会纠纷处理中，应促进国家正式法律与民间习俗的良性互动。

(3)在乡村社会要什么样的法官？影片所提出的问题——在乡村社会我们需要什么样的法官，何为合格的法官引起我们的思考。例如老冯以法官的身份去牵猪，这在阿洛眼中是有违法律、有失司法干部尊严的“丢脸事”。在遇到猪拱罐罐山一案时，第一次出行办案的阿洛以“法律不接受封建迷信”为由驳回原告的诉讼，不予办理。而老冯却以尊重民间习俗化解了纠纷冲突。按照现代司法要求，法官应该受过良好的法律教育、人格完整，认为只有如此才能带给公众公正的司法判决。但是，在广大乡村社会，如果一味依赖上述要求选择法官，可能会由于人员缺乏，而不能满足乡村社会的实际需要。况且，这些受过良好教育的法官能否很好地处理乡村社会复杂的纠纷还存有疑问。因此，在现阶段我们还要实事求是地认可当代中国乡土社会中大量存在着的“乡土社会法律人”、“赤脚法律工作者”等非正规法律人，并承认他们的工作价值。

【实例3】“孙大午案件”的启示

孙大午是河北徐水县知名的农村民营企业家，身价过亿，其大午集团曾被评为“全国民营企业500强”之一，但因其与当地政府部门和银行的关系不好而长期贷不到款，转而采取向员工的亲朋和附近的村民以“打借据”的方法募集资金，这一行为被指控为违反了刑法第一百七十六条的规定，犯了“非法吸收公众存款罪”，孙大午也因此于2003年7月5日被捕。但因孙大午的人格魅力，以及在当地的巨大贡献和各方对案件认识不一，使本案立即引起了媒体的强烈关注。2003年10月30日，河北徐水县人民法院对孙大午案作出了一审判决，孙大午以非法吸收公众存款罪被判处有期徒刑3年，缓刑4年，并处罚金10万元，大午农牧集团有限公司也因变相非法吸收公众存款罪被处罚金30万元。现阶段孙大午案已经尘埃落定，但这一案件有待我们认真思考。

【评析】“孙大午案件”的一个启示是在金融垄断的背景下民间融资的制度困境问题。现阶段一个规模并不巨大的农村民营企业，想要解决扩张的资金问题，大致只有两条路：一条是从银行间接融资，这条路理论上是开着的，但实践中民企很难像国企一样从银行拿到贷款。另一条路是直接融资，但因为绝大多数民企的企业形态是有限责任公司，而目前非国有的有限责任公司是不能发行公司债券的。股份有限公司的民企可以发行公司债券，理论上还可以申请发行股票。但民企上市之难，导致这条路也很难走。通过对孙大午案件的深层次思考，我们不难发现，农村金融体制改革滞后，农业和农业企业的融资机会、融资空间、融资能力和融资手段仍然极其有限。要从根本上提升中国农业和农业企业的竞争力，有效而持续扩大农民增收，就必须解决融资问题，必须正视农村金融的现状和问题所在。必须在继续改革和完善正规金融机构的同时，实事求是地看待民间借贷，允许其存在，承认其弥补农村贷款不足的作用，并严格建立一套监管办法。只有改革现行僵化严厉的金融政策，建立多元化的农村金融服务体系，商业金融、政策性金融和社区金融同时并存才有可能满足农村经济发展的多样化金融需求，切实为中小民营企业融资提供有效通道，才能真正结束中小民营企业非正常的边缘化生存状态。

“孙大午案件”的另一个启示是农村民营企业发展的环境问题。不可否认，农村民营企业的发展，可以解决农村大量剩余劳动力的就业问题，可以解决农副产品的销路问题，从而真正地使农民增加收入。因此，解决好了农村民营企业的生存环境问题，为他们营造一个良好的外部空间，使他们能够健康、快速地成长，也就成为我们正在设法解决的“三农”问题的根本途径之一。所以，能否为像孙大午和大午集团这样扎根农村的民营企业创造一个水土适宜的“生态环境”，这关乎"三农"问题的解决。

【实例4】最高人民法院公布的三起农资打假典型刑事案件

为配合2009年全国农资打假专项治理行动的开展,震慑不法分子,维护农民利益,促进农业和农村经济的健康发展,最高人民法院近期公布了地方法院审理的三起农资打假典型刑事案件。

(1)黑龙江民丰农业化工有限公司及张明光生产、销售伪劣农药案。黑龙江省佳木斯市前进区人民法院经审理查明:2006年初,民丰农业化工有限公司在未经国家审批许可的情况下,由总经理张明光提议,并经公司主要管理人员集体开会研究决定,擅自更改企业生产标准,将购买的农药"敌磺钠"混入其公司生产的"沃特力"牌水稻苗床营养剂中。2006年2月,民丰农业化工有限公司将76.9吨的伪劣"沃特力"牌水稻苗床营养剂赊销给佳木斯市安庆农业生产资料公司。佳木斯市安庆农业生产资料公司将33吨该产品销售至桦川县、汤原县、同江市、集贤县、绥滨市等五市、县,致使使用该产品的213家农户水稻秧苗出现立枯病等病状,经鉴定,受损水稻秧苗价值人民币1 124 947.50元。佳木斯市前进区人民法院以生产、销售伪劣农药罪判处被告单位民丰农业化工有限公司罚金人民币60万元,判处被告人张明光有期徒刑十年,并处罚金人民币60万元。宣判后,被告人张明光不服,提出上诉。佳木斯市中级人民法院经审理,依法驳回张明光的上诉,维持原判。

(2)王建龙销售伪劣农药案。河北省高阳县人民法院经审理查明:2006年7月初,被告人王建龙以每瓶7元的价格,从河北省深州购进40瓶伪劣"克无踪"除草剂,并以每瓶8元的价格销售给安新县河西村的王占奎,王占奎将"克无踪"用于其所承包的100亩棉花田,使用后发现大面积棉花叶片茎脉发黑,棉桃、棉花脱落,造成棉花减产,经鉴定造成损失人民币42 485元。高阳县人民法院以销售伪劣农药罪判处被告人王建龙有期徒刑一年,并处罚金人民币500元;赔偿附带民事诉讼原告人王占奎经济损失人民币42 485元。宣判后,被告人王建龙不服,提出上诉。河北省保定市中级人民法院经审理,依法驳回王建龙的上诉,维持原判。

(3)李勇销售伪劣化肥案。湖北省崇阳县人民法院经审理查明:2008 年初,被告人李勇采取以次充好的方式,将 42 吨伪劣“红康阿”复合化肥销售给崇阳县化肥经销商雷某等人,该复合肥经雷某等人卖给农民使用后,致玉米、西瓜等农作物减产,造成经济损失 18.7 万元。案发后,雷某等人赔偿农民损失 134 853 元,案件审理过程中,被告人李勇与雷某等人达成协议,由李勇一次性赔偿雷某等人经济损失 6 万元。崇阳县人民法院鉴于被告人李勇能坦白罪行,积极交纳罚金,并赔偿了被害人的部分损失,以销售伪劣化肥罪判处被告人李勇有期徒刑三年,缓刑四年,并处罚金人民币 7 万元。宣判后,被告人李勇服判,未上诉。

参考文献

[1]陆学艺."三农"论——当代中国农业、农村、农民研究.北京:社会科学文献出版社,2002.

[2]李昌平.我向总理说实话.北京:光明日报出版社,2002.

[3]温铁军.三农问题与世纪反思.北京:生活·读书·新知三联书店,2005.

[4]农业部农村经济研究中心,当代农业史研究室.中国共产党"三农"思想研究.北京:中国农业出版社,2002.

[5]丁国民.法治三农.北京:知识产权出版社,2007.

[6]王惠.三农问题的法治研究.北京:中央文献出版社,2007.

[7]李昌麒,吴越.农业法教程.北京:法律出版社,2007.

[8]农业部产业政策与法规司.农村政策法规调查与研究.北京:中国农业出版社,2004.

[9]陆学艺,向洪.农民权益.重庆:重庆大学出版社,2006.

[10]陆学艺.中国农村现代化基本问题.北京:中共中央党校出版社,2004.

[11]唐鸣,陈荣卓.农村法律和社会问题探究.北京:法律出版社,2008.

[12]金祥荣.转型期农村制度变迁与创新.北京:中国农业出版社,2002.

[13]孔祥智.中国三农前景报告.北京:中国时代经济出版社,2005.

[14]曹锦清.黄河边的中国——一个学者对乡村社会的观察与思考.上海:上海文艺出版社,2000.

[15]推进社会主义新农村建设文件汇编.北京:中国法制出版社,2006.

[16]于建嵘.岳村政治——转型期中国乡村政治结构的变迁.北京:商务印书馆,2001.

[17]薛刚凌.农村法治建设研究.北京:中国方正出版社,2009.

[18]仲大军.国民待遇不平等审视——二元结构下的中国.北京:中国工人出版社,2002.

[19]陆学艺."三农"新论.北京:社会科学文献出版社,2005.

[20]苏力.送法下乡——中国基层司法制度研究.北京:中国政法大学出版社,2000.

[21]杜润生.中国农村制度变迁.成都:四川人民出版社,2003.

[22]雷原.家庭土地承包制研究.兰州:兰州大学出版社,1999.

[23]武力,郑有贵.解决"三农"问题之路——中国共产党"三农"思想政策史.北京:中国经济出版社,2004.

[24]贺雪峰.乡村研究的国情意识.武汉:湖北人民出版社,2004.

[25]俞德鹏.城乡社会:从隔离走向开放——中国户籍制度与户籍法研究.济南:山东人民出版社,2002.

[26]吴象.中国农村改革实录.杭州:浙江人民出版社,2001.

[27]朱光磊.中国的贫富差距与政府控制.上海:上海三联书店,2002.

[28]周志强.中国共产党与中国农业发展道路.北京:中共党史出版社,2003.

[29]王伟光.建设社会主义新农村的理论与实践.北京:中共中央党校出版社,2006.

[30]卢嘉瑞.中国现阶段收入分配差距问题研究.北京:人民出版社,2003.

[31]陈小君等.农村土地法律制度研究——田野调查解读.北京:中国政法大学出版社,2004.

[32]宋洪远.改革以来中国农业和农村经济政策的演变.北京:中

国经济出版社,2000.

[33]黄祖辉,蒋文华等.农业与农村发展的制度透视.北京:中国农业出版社,2002.

[34]贺雪峰.新乡土中国.桂林:广西师范大学出版社,2003.

[35]中国社科院农村发展研究所.中国农村发展研究报告(1~6).北京:社会科学文献出版社,2008.

[36]中共中央文献研究室.十三大以来重要文献选编.北京:人民出版社,1991.

[37]中共中央文献研究室.中共十三届四中全会以来历次全国代表大会中央全会重要文件选编.北京:中央文献出版社,2002.

[38]温铁军.半个世纪的农村制度变迁.战略与管理,1999(6).

[39]宫希魁.中国"三农"问题的战略思考.战略与管理,2002(6).

[40]陆学艺.走出城乡分治一国两策的困境.读书,2000(5).

[41]徐勇.现代化视野中的"三农"问题.理论月刊,2004(9).

[42]温铁军.农村的真问题是什么.中国改革,2004(9).

[43]金太军,董磊明.近几年来中国农村政治研究.政治学研究,1999(4).

[44] 贺雪峰. 新农村建设若干观点的辩正. 社会科学战线,2006(2).

[45]郑法.农村改革与公共权力划分.战略与管理,2000(4).

[46]仝志辉.乡村政治研究诸问题.社会学研究,2005(3).

[47]邓大才.论"三农"问题的求解路径.社会科学,2003(6).

[48]李树基,朱智文."三农"问题研究综述.甘肃社会科学,2003(4).

[49]苏力.崇山峻岭中的中国法治——从电影《马背上的法庭》透视.清华法学,2008(3).

[50]王涛.建设社会主义新农村的司法保障.理论观察,2006(5).

[51]张汝立.我国的城乡关系及其社会变迁.社会科学战线,2003(3).

[52]邵俊武.人民法庭存废之争.现代法学,2001(5).

[53]林毅夫.建设新农村是解决“三农”问题的现实选择.人民日报,2006-10-25.

[54]陈锡文.统筹城乡解决三农问题.光明日报,2003-03-31.

[55]李昌平.一个乡党委书记的心里话.南方周末,2000-08-24.

后记

在我国五千年历史长河中，自给自足的农耕社会，虽创造了璀璨厚重的农业文明，但也遮闭了更为广阔的权利视野和独立的主体人格，以及人们对平等权的认知与追求，直至我国农业逐步实现现代化的新时期，历史的那个幽灵似乎仍然盘缠难去。新中国成立后，特别是改革开放30年来，党中央数次召开中央全会，专题讨论“三农”问题，先后发布了11个“一号文件”，以“强农扶农、支农惠农”为主题，采取“多予、少取、放活”政策，加快“三农”建设步伐，使农村发生了翻天覆地的巨大变化，农民的生活水平显著改善，经济收入大幅提高。但不容否认，截至今天，作为相对弱势的9亿农民，仍面临土地承包与流转、综合与专项补贴、粮食与食品安全、婚姻家庭、赡养抚育、耕地保护、生态污染、医疗卫生、文化教育、社会保障、人身安全等一系列挑战与困扰，农民权益的缺失依然是我国农村法制化建设的瓶颈。“没有农村的法制化就没有中国的法制化，没有农民法律意识的提高就没有中国的民主法治”。由此，农民群众不仅要摆脱封建专制、“重礼轻法”等传统观念的束缚，更要在“五五普法”的基础上，树立社会主义法治理念，熟知法律知识，善用法律武器，以真正的司法救济维护自身权益。也是基于这一认识，我们策划出版了这套《农家书屋文库·法律系列》丛书，以期在农村法制化建设和社会主义和谐社会建设中发挥作用。

这套大型法律知识普及读本，以科学发展观和党的十七大精神为指导，紧密结合新时期农民生产生活和改革开放30年来农民对法律知识的新需求编排内容，既考虑了法律学科知识内在的系统性，又考虑了其实践性的特点。全套丛书采取一事一议、一问一答、以案说法等多种形式,生动简明、通俗易懂地解析法律知识,注重普及与创新结合、理论与实践结合,凸现可读性与实用性,以图农民朋友于日常生活的一点一滴中切实体会到法的不可或缺,进而成为法制社会的主人。

本丛书由人大、政府、司法、高等院校法学院、律师事务所、仲裁委等部门的百余名法学教授、专家、司法工作者参与撰写。在编写过程中,甘肃省法学会和甘肃文化出版社多次组织丛书编纂工作座谈会,就选题优化、编纂体例、内容安排、写作方式等反复斟酌,多方交流,使丛书的主旨清晰突出,内容紧凑新颖。各位专家学者怀着对父老乡亲的深厚情意,满腔热情、义无反顾地投入编写工作,以高度的责任感和严谨审慎的专业精神,完成了各分册的编撰。全套丛书分为宪法、行政法、民法、商法、婚姻法、经济法、刑法、生态环境与自然环境法、知识产权法、社会法、诉讼法、法理学等十二个门类,体系完整,内容丰富,真正体现了为农民所想、为农民所用的编写思路,出版后,期望能成为广大农民读者系统学习法律知识、正确运用法律工具的基础性读物。

本丛书在出版过程中,省委政法委、省新闻出版局给予高度关注和热情支持,省委常委、省委政法委书记罗笑虎亲作总序,甘肃省新闻出版局局长张余胜亲任编委会主任与总主编,省委政法委副书记杨景海、省委宣传部副部长管钰年,省新闻出版局副局长李玉政、汪晓军、袁爱华,纪检组长赵莉、副巡视员文斌虎,省法学会秘书长相连生,以及省新闻出版局罗和平、梁辉、卢旺存、刘伟、邢玮、雷建宏等同志,对丛书的立项和出版给予了精心指导和大力支持,有力保障了这一出版项目的顺利实施。

甘肃文化出版社社长兼总编辑谢国西策划了这套丛书,并和省法学会学术委员会主任、兰州大学法学院李功国教授共同担纲丛书的执行主编。二位精心设计了编写思路,拟订了编写体例,统筹制订了出版计划。李功国教授不辞辛劳,约请了所有作者,并与各位作者商讨敲定了各分册的内容结构,精心组织了书稿的撰写,审阅了丛书全部初稿。甘肃文化出版社副总编车满宝、副社长管卫中作为丛书的执行副主编，谋篇审稿，严格把关，保证了丛书出版工作有条不紊地开展；副社长王奕、副总编温雅莉在组织协调、装帧设计、印制质检等方面做了一系列卓有成效的工作；编辑郧军涛负责了整套丛书的编务工作，并与周乾隆、王天芹等查缺补漏，校正错讹，保证了丛书的高质量、高品位。正是这些同志的共同努力，使这套规模宏大、严谨周密的法律读本如期面世。

法律是农民权利的基本保障，以法律解决“三农”问题，是法治国家的内在要求；普法教育更是全面建设小康社会的“第一堂课”，新农村之“新”，关键也就在于通过普法，把农民重新植入新的法制环境中，保障农村、农业获得更多的发展空间与发展动力。愿这套丛书能让“依法治农”思想真正融入农民的精神世界，能引导农民群众懂法、守法、用法，达到“送法进万家、老少齐知法”的目的！愿法治之魂永存，和谐之风常在！

《农家书屋文库·法律系列》编委会

《农家书屋文库·法律系列》总书目

书　名	定价(估)
1.《我国农业立法与种植业、养殖业》	26.00 元
2.《“三农”问题与法律调整》	23.00 元
3.《农村干部法律读本》	21.00 元
4.《新农村建设与法律促进》	19.00 元
5.《科技立法与农村科技进步》	23.00 元
6.《法与农民生活》	19.00 元
7.《传媒下乡的理与法》	19.00 元
8.《中国传统法律文化今读》	21.00 元
9.《中国法制史话》	17.00 元
10.《涉农典型案例评析》	24.00 元
11.《证据说话一百问》	17.00 元
12.《宪法与农民生活》	19.00 元
13.《县乡政权和村民自治》	21.00 元
14.《甘肃省地方性法规涉农规定解读》	23.00 元
15.《少数民族权益保护实用读本》	19.00 元
16.《依法行政与农民生活》	19.00 元
17.《农村教育制度与问题答疑》	23.00 元
18.《农村医疗卫生法律指导》	19.00 元
19.《农村社会治安综合治理》	21.00 元
20.《行政争议解决及国家救济途径》	17.00 元
21.《民法，农民生活日用之法》	24.00 元
22.《土地物权与农民生活》	19.00 元
23.《农村土地及房产维权指南》	21.00 元
24.《农村合同法律实务》	21.00 元
25.《企业法与公司法二百问》	23.00 元
26.《农村电子商务法律问题》	19.00 元

27.《农村民事侵权与损害赔偿读本》 17.00元
28.《农民工权益保护实用读本》 19.00元
29.《民事诉讼法与农民生活》 23.00元
30.《农村婚姻家庭》 17.00元
31.《夫妻财产权法律指导》 17.00元
32.《计划生育与农民生育权》 28.00元
33.《继承法与农民生活》 21.00元
34.《知识产权与农业现代化》 17.00元
35.《农民与知识产权》 21.00元
36.《特色农产品法律保护》 19.00元
37.《西部生态环境与法制》 17.00元
38.《农村生态环境保护法律读本》 24.00元
39.《农民用水权益法律保护》 21.00元
40.《民间谚语中的法律观念》 17.00元
41.《农民林权保护实用读本》 21.00元
42.《农牧区草原湿地法律保护》 17.00元
43.《农村常见犯罪与刑事处罚》 23.00元
44.《侵犯财产犯罪知识问答》 21.00元
45.《农村人身犯罪与刑罚》 21.00元
46.《农村社会稳定与群众工作读本》 19.00元
47.《刑事诉讼程序》 19.00元
48.《农村金融法律实务》 21.00元
49.《银行法与农民生活》 23.00元
50.《农村税收实务问答》 23.00元
51.《农村社会保障实务问答》 17.00元
52.《产品质量维权知识问答》 17.00元
53.《农村常见劳动纠纷与解决》 19.00元
54.《农村用工制度读本》 17.00元
55.《农村文化建设的法治之路》 21.00元
56.《农村公共安全知识问答》 23.00元
57.《农村校园问题法律解读》 19.00元
58.《仲裁法律知识读本》 21.00元
59.《农村律师法律知识指导》 21.00元
60.《司法鉴定知识问答》 19.00元

图书在版编目（CIP）数据

“三农”问题与法律调整／王勇，高成军，李秉政编著．—兰州：甘肃文化出版社，2009.3

（农家书屋文库·法律系列）

ISBN 978-7-80714-852-4

Ⅰ.三… Ⅱ.①王…②高…③李… Ⅲ.①农业经济－法规－中国－问答②农村经济－法规－中国－问答③农民－问题－法规－中国－问答 Ⅳ.D922.45

中国版本图书馆CIP数据核字（2009）第045980号

“三农”问题与法律调整

王 勇 高成军 李秉政 编著

责任编辑：周桂珍
责任校对：筱 舟
封面设计：锐园设计

出 版：甘肃文化出版社
地 址：兰州市曹家巷1号
邮 编：730030
营 销：甘肃文化出版社发行部（0931）8454870

排 版：天水新华印刷厂
印 刷：天水新华印刷厂
地 址：天水市秦州区赤峪路109号
邮 编：741001

开 本：850×1168毫米 1/16
字 数：155千
印 张：11.5
版 次：2009年9月第1版
印 次：2009年9月第1次
书 号：ISBN 978-7-80714-852-4
定 价：23.00元